〈老い〉の営みの人類学

沖縄都市部の老年者たち

菅沼文乃
Suganuma Ayano

森話社

［カバー図版］辻から若狭に向かう町並み（沖縄本島、著者撮影、二〇一三年）

〈老い〉の営みの人類学

沖縄都市部の老年者たち

＊

目次

第一章　序論――老いを研究する

本書の主題は、沖縄県都市部に居住する老年者が、日々の暮らしにおいてどのように「老い」を生きているのかを分析することにある。

老いは人間に普遍的な現象である。人は、身体能力の低下を感じたり、孫が生まれたり、定年を迎え職場を退職したりすることで、自身の加齢を自覚し、老いを身体に取り込んでいく。

老いは人間という生物に普遍的な現象である一方、時代や社会によって様々な意味を与えられる。たとえば、現代日本では、年齢を重ねることは「老衰」「老醜」という言葉もあるように「身体的な衰え」「生の盛りを過ぎていく」というネガティブな意味を内包している。と同時に、また一方では「老後を楽しむ」「サクセスフル・エイジング」といったポジティブな老いの語りもみうけられるのである。こうした意味づけは、ある人間個人が老いるなかでなされることもあれば、行政の方針や世間の風潮から発生するイデオロギーから導かれる場合もある。たとえば、日本においては、老いた人々を社会で支援すべき弱者と位置づける一方で、その能力の社会への還元を提唱する状況がある。ここには、健康な老年者の自立を支援することで、介護負担を削減しようとする行政のもくろみがある。

　このように、老いへの言及は、その状況や対象設定だけでなく語る主体によっても多様であるが、人生段階上にカテゴリーとして見いだされる老年期、およびそのカテゴリーに移行することによってなされる老いという理解を前提としていることは共通しているといってよいだろう。しかしながら、私が日常生活や研究の過程で出会った老いの営みは、このカテゴリー的な老いの理解に完結するものとはいいきれない。彼らは、ある場面では積極的に老いを認め老年者としてふるまおうとするし、またある場面では老いのレッテルを疎ましく感じ、反発する。そこには、老いという人生段階やそれへの移行としては一概に規定できない、老いへのふるまいがある。したがって私は、カテゴリーとしての、時にイデオロギー性をはらむような老いの理解の万能性を疑うと同時に、これを乗り越えた地平で個々人がどのように老いを生きているのか、つまり人間の「老い方」そのものに直接迫る新しい視点が必要だと考える。

　この問題意識に即し、本書では現象としての老化が自覚され、自分のものとして取り込まれる過程、すなわち「老いる過程」における老年者個人に焦点を当てる。この視点に立ち、老いが現在どのようなものとして生きられているのか、という疑問を解きほぐす作業が、以下の主軸となる。

一　研究対象としての老い

　現代社会において、老いは個人の加齢やそれに対する医療・福祉的課題、また社会高齢化など様々な形で現れる。そのため、老いに対する学術的アプローチも多岐にわたっている。老いを対象とする研究領域は大きく四つの研究的立場に分類される。第一は暦年齢にもとづく老いを研究する立場、第二に生物学的老いを研究する立場、第三に心理学的老いを研究する立場、第四に社会的老いを研究する立場である〔浜口 一九九七：二―三〕。また、一九世紀後半には、老いという課題が内包する、生物学的レベルから社会的・文化的レベルの諸条件をフォローするために、医学・心理学・社会学・政治学といった学際的視点をもつ老年学（Gerontology）が成立している。

老いの研究は、現在多面的な展開をみせている。そのなかでの本書の位置づけを明らかにするために、本章では、人文科学分野における老いの研究、とくに本書のバックグラウンドである人類学分野と、理論的背景を借りる社会学分野において、老いがどのように研究されてきたかを概観する。

「老い」の文化的位置づけ

人類学分野における老い研究の下地は、構造機能主義的視点による老年者集団がもつ社会的役割の分析と、老年者の社会的位置づけを文化要素として理解する通文化比較とにある。

イギリス社会人類学によって進められた構造機能主義的研究では、社会制度、構造についての分析から、年齢階梯制ないし年齢階層理論が展開された。年齢階梯制は、性別と年齢（世代）を指標として制度化された社会全体の年長序列関係と説明され、とくに男子について、未婚の青年、既婚の中年、長老とも呼ばれる老年、の区分を設け、それぞれに軍事、政治、祭祀という社会的役割を分担させる制度としてモデル化される。階梯間の移行にあたっては、その集団の役割を遂行するための知識の伝授をともなう通過儀礼が行われる。よく知られるのは、青年グループへの移行の際に行われる割礼《かつれい》の儀礼であろう。この制度が最も顕著にみられるのは東アフリカであるが、ミクロネシアやインドネシアにも同様のシステムが存在することが指摘されている〔高橋 一九七七〕。日本社会では、とくに西日本の漁村における宮座とよばれる長老制・長老階梯型の年齢階梯制が認められている〔高橋 一九七八・一九八七、関沢 二〇〇〇〕。しかしながら、構造機能論にもとづく老いの研究は年齢の段階に応じて社会的立場・役割が決定されるシステムの存在を明らかにするものであり、必ずしも老年者に焦点をあてるものではないことに留意したい。

対して、アメリカ文化人類学における老いの研究は、民俗事象の分布研究および文化項目の作成への関心のもとで展開した。ボアズに代表されるこの研究志向は、初期人類学の主流であった進化論や伝播論への安易な飛躍を抑え、同時に文化間要素の有機的関連や変化のプロセスへと研究視野を推し広げることとなった。このもとで、社会における老年者の位置づけ・地位を文化要素としてとらえようとする研究がすすめられたのである。**Simmons**〔1970〕の七一の産業化社会を対象とした報告、**Clark** と **Anderson**〔1967〕によるアメリカのいくつかの民族集団における文化とパーソナリティの研究、**Shanas** ら〔1961〕によるヨーロッパの三つの近代社会における老年者の生活調査などからは、それぞれの社会が、それぞれの価値・世界観・環境・社会的状況にしたがい、異なる方法で年長者への尊敬を構造化している具体的な事例が示された。また **Cowgill** と **Holmes** は年齢と社会の関係に関する研究から、①多くの社会では、年配者とその成人子の間の家族においていくつかの相互責任がある、②老年者を大切にすることは一般的に求められ努力される、③全ての社会は、老年期においても生活を価値あるものと見て、生を延長することを求める、という三点を主張した〔Cowgill and Holmes 1972〕。

加えて、**Cowgill** と **Holmes** は、社会の近代化に代表される社会変動の視点を老年者研究に導入し、社会の発展と老年者の地位の関係は反比例するとした〔Cowgill and Holmes 1972〕。この老いの近代化理論では、老年者は「伝統的」に尊敬され、大切に扱われる存在であり、老いに対する否定的なイメージは近代に発生したものであると考えられた。その根拠のひとつは、近代化にともなう社会制度や労働環境の変化によって、老年者のもつ「伝統的」な文化的知識の有効性が低下したことにある。たとえば資本主義経済の導入は、生産作物の変化や賃労働の増加を引き起こし、また労働の機械化・分業化によって結果として生活における老年者の経験にもとづく知識の重要性を低下させたと考えられる〔1〕［青柳 二〇〇四］。また、産業化がもたらす現象のひとつである都市化と老年者の関係についてBurgessは、都市化には拡大家族の経済的基盤を蝕み減少させる傾向があるために、拡大家族は減少し老年者は孤立傾向にあること、職場においては老年者は引退を迫られ、若い労働者に労働の場を譲り渡すことになることを示した［Burgess 1969］。これはすなわち、社会変化によって老年者の社会的立場が変容したという指摘であり、生物学的にひきおこされていた死が社会的な形態で出現していることを示唆している。このような近代化理論・社会変動をテーマとした視点によって、老年者というカテゴリーは歴史性を背負ったものであり、その機能や役割は変化していくとする理解が可能となった。

老年者コミュニティ研究への関心の高まり

さて、人類の社会と文化に関する一般理論や方法をうちたてることを目標とする人類学は、その異文化への関心において植民地主義に端を発する非西洋社会への権力的な意図と、失われつつある非西洋の文化様式のサルベージという傾倒を内在させていた。これを批判したのがサイードである。サイードは『オリエンタリズム』において、西洋が政治的・社会学的・軍事的・イデオロギー的・科学的に「東洋」を管理し、また「東洋」を生産するという支配の図式を明らかにした。サイードの論は記述することによってオクシデントがオリエントを「代弁」する、すなわち西洋が文化的な構築物である「東洋」に非合理性や後進性というような他者表象を割り当てていくという、異文化研究に潜む権力の不均衡［サイード　一九八六（一九七八）］の指摘であり、そのなかで人類学は異文化を自文化とは異なる純粋な他者として把握してきたこと、つまり人類学が異文化を本質主義的に規定していたことへの批判的指摘であった。これまでの人類学的研究が暗黙の前提としてきた客観的な視点の否定は、社会の全体像という学問的前提への疑問をひきおこし、人類学者がフィールドワークの中で経験した事柄をその文化の全体的な「真実」として記述するという書き手の特権的な地位の否定、民族誌を書く際に働く政治性への注意を喚起した。

この潮流は『文化を書く』『文化批判としての人類学』に代表される、いわゆるポストモダン人類学へと展開する。クリフォードは、人類学者のフィールドにおける経験、とくに人類学者が人や自己の概念を科学的で特権的な態度で思考し記述してきたことを批判し、モダン人類学が前提としてきた全体性に対する部分性、絶対的真実に対する相対的真実、単数性に対する複数性が重要であることを強調した［Clifford and Marcus 1986］。これまで自明視されてきた人類学の正当性に対する疑問の結果、人類学者たちは、自らが属する社会に対する批判的役割を担うことや、フィールドワークや民族誌の手法を問題とすることに議論の強調点を移していく。とりわけ社会の複数性が見逃されてきたことの再認識と、記述することの政治性に対する内省は、自己と他者、話者と聞き手という複数の人間の声を反映させた理解のための、語りの場における対話を重視した記述がうみ出されていくのである。

この動向を背負い、老いの研究においては「老年者という一種の特殊な社会的位置づけにある人々」を対象とする研究という姿勢を強調する傾向が生まれ、老年者文化の研究や老年者コミュニティを対象とした研究が盛んに進められるようになった。たとえばアメリカの「高齢者の町」を代表とするリタイアメントコミュニティの研究［Takenami 2012, 田原 二〇〇七、木村 二〇〇六］、北欧型福祉国家のなかで展開されるフィンランド南西部の地域福祉システムの研究［高橋 二〇一三］、宮座に関与する老年者についての研究［関沢 二〇〇二］、東京巣鴨のとげぬき地蔵に集まる老年者を対象とした調査報告［倉沢 一九九三］などである。これらの研究は、ある社会的なグループの中に属する集団として老年層を位置づけ、この年齢層に向けられる社会的対策などの視点から老年者という集団を設定し、そのコミュニティとしての性質や、それらが形成する「文化」を検討する。老年者コミュニティに関する研究の展開について高橋絵里香は、西欧を中心としたナーシングホームでの調査研究を概観し、老年者に対する社会の関心に対する民族誌からの批判と応用的提言の可能性について述べている。高橋は既存のナーシングホーム民族誌を概観し、その論点が①インスティテューショナリズム（施設としての風土）、②施設批判、③施設内外の世界のすれ違い・リミナリティ的状況、④脱施設、の四点にあること、これらの研究が「閉じられた社会」であるナーシングホームへの関心に対する応答としての役割を果たしていることを指摘する［2］［高橋 二〇〇二］。しかしながら、この研究志向は老年者や老年者コミュニティの本質化へと回帰してしまう可能性もあることには注意しなくてはならないだろう。

人類学的研究は狩猟採集民社会から現代の西欧社会に至るまで、数多くの老いの形を報告してきた。そこには老いが文化や社会形態に強く規定されるという主張が通底しており、これは近年の老年者研究まで受け継がれている。また、その根底には近代社会における老いの解釈、すなわち人間が加齢と共に活動レベルを下げていくのは自然なことであり、老年者は社会から離脱していくと考える「離脱理論」に対する、とりわけ非西洋社会の側からのアンチテーゼがあるとみることもできる。

老いの社会化

続いて、本書のもうひとつの理論的背景である社会学における老いの研究を概観しよう。社会学分野では老年者やエイジングをテーマとしたテキストもいくつか出版されており〔副田 一九八一、ロソー 一九八三(一九七四)、クローセン 一九八七、岡村・長谷川 一九九七、田中・辻 一九九七など〕、その研究関心も幅広いが、議論を進めるにあたってとくに言及しておきたいのは老いの社会化概念と構築主義の姿勢である。

社会学分野においては、人が年をとるということは、その人たちに影響を及ぼす生物学的・心理学的・社会的加齢の結合であるととらえる。この三つの要素のうち、生物学的加齢は視力・聴力の低下や筋肉の衰え、皺などの物理的身体の全体的な衰えである。心理学的加齢については、生物学的影響ほど具体的に示されてはいないものの、とりわけ病的老化とされる認知症やうつとの関連が指摘されている〔岡村・長谷川 一九九七〕。そして社会的加齢は、年齢と関係する文化的規範や価値観、役割期待と言い換えられる。パーソンズは、個々人が年をとるにつれて社会的役割の変化にどう順応するか、という社会学初期の機能主義的関心にもとづき、老年者側からの加齢への順応の必要性だけでなく、老年者が社会から疎外されないために加齢の進行に応えうる役割を社会が老年者に見出す必要があるとしている〔Parsons 1960〕。ここでいう老年者の社会的役割とは、たとえば家庭内の祖父母やコミュニティ内の年長者である長老に対する、そのコミュニティの指導者という立場であり、社会的背景のなかに位置づけられるものである〔3〕。

この三点の複合によって、人間の生は段階的に区分・規定され、社会システムと相関的に役割を付与されるとするライフコース概念が提起されている〔Riley and Abeles 1987, Atchley 2000, ギデンズ 二〇〇九(二〇〇六):二〇一二〕。ライフコースとは、生活環境としての社会が与える諸作用によって個人の人生が形作られる道筋である。個人の人生の道筋を描くのがライフヒストリーであるならば、ライフコースはある集団単位のパターン、つまり社会構造を理解するための概念であるといえる。ギデンズは『社会学（第五版）』で、西欧社会における児童期の誕生に関するアリエスの研究［アリエス 一九九二（一九七二）］や、年齢階梯制を保有する社会の研究を取りあげたうえで、ライフコースを構成する各段階のうち、社会的な要因によって形成された段階――たとえば児童期、ティーンエイジャー期、高齢期など――に対する文化的影響と物理的影響の存在を指摘する。そのうえで、老年期が他のライフコース段階と区分され、老年期特有の機能や役割が付与されることを、「老いの社会化」と定義するのである［ギデンズ 二〇〇九（二〇〇六）：一九七―二二三］［4］。

またギデンズは、「ライフコースの段階は、文化的差異の影響を受けるが、同時にまた所与の社会類型のなかで人びとが生活を送る物理的環境の影響もうけている」［ギデンズ 二〇〇九（二〇〇六）：一九七］ことも指摘しており、とりわけ近代の工業社会では、加齢にともなう有給労働からの引退と子との別離が老後に意味を見出すことを困難にしたとして、人類学分野における老いの近代化理論と同様、「伝統的」な共同体における老年者の権威と社会変化によるその失墜を強調している。一方で、現在も進行しつつある長寿化による新たなライフコース段階――生涯教育にともなう新たな教育段階としての高齢期――の誕生を指摘している［ギデンズ 二〇〇九（二〇〇六）：一九七―二二三］。

老いという区分はどのような社会にも存在する、いわば人間という生物に普遍的なものであるにもかかわらず、その位置づけは社会によって多様である。その理由を、加齢と社会的機能や役割をとおした社会との相関関係から説明するのが、老いの社会化概念である。本書では、ギデンズらの示す「老いの社会化」概念を分析枠組みのひとつとして、また老いの社会化にしたがって規定される老いを「社会的な老い」という語を用いる。

老年期を含むライフコースの段階がどう形成されるのかを考察するためには、構築主義の視点を参照しておく必要がある。続いては、構築主義的アプローチの特徴について、とくに社会高齢化や老年者に関する議論から確認する。

老いの構築主義的理解

構築主義は本質主義に対抗するパラダイムであり、自明性を帯びている所与の知識への批判的スタンスに立ち、社会的行為と歴史的・文化的な背景を背負った知識とが相互にともなうことに自覚的になる姿勢、としてよいだろう。バーガーとルックマンが著書の冒頭で「現実とは社会的に構成（construct）されており、知識社会学は、この構成がおこなわれる過程を分析しなければならない」［バーガー・ルックマン 二〇〇三（一九六六）：一］と述べるように、構築主義は、社会を人々の相互作用によって絶えず構築され続ける知識の観点から検討しようとする。老いの基準はその社会の成員の中で相対的に決定されることは先にもふれたが、構築主義の観点から老いを考えると、「老年期」「老年者」などという客観的・本質的なカテゴリーは存在せず、このカテゴリーを社会内で共用できる知識が周知されている状態がある、ということになる［千田 二〇〇一：一―七］。たとえば現代日本の老年者イメージの構築過程は、社会高齢化の状況があり、その当事者である老年者は社会問題の枠組みでとらえられる傾向にあり、このなかで老年者を社会的弱者とする図式が形成された、というように整理できる。さらに近年では、老いることを前向きにとらえようとする風潮や老年期にも多様な選択肢が提案されるようになったこと、政治的文脈においても老年者の主体性を主張する波が高まっていることのような、社会高齢化への新たな対応が生じている。これを「新しい高齢者像」の誕生ととらえることもできるだろう［菅沼 二〇〇五］。

構築主義の立場では、知識は様々な社会制度と結びついて存在しており［千田 二〇〇一：七］、したがって高齢化などの社会問題に関する社会理論研究も政策の方向性に密接に関係しているとされる。千田有紀は「あらゆる知識は権力や利害とは無縁でありえず、権力や利害の網に絡めとられている。だからこそ、知識を生産することそのものや、すでに正当化されている言説生産の専門家が果たす役割について、反省的に考える作業を軽視してはならないのである」と述べる［千田 二〇〇一：七］。こうした構築されたカテゴリーをめぐる権力性の批判は、足立清史と小川全夫による「高齢社会化という社会変動要因への綜合的な政策対応という研究の志向性」［足立・小川 二〇〇一：一〇］に代表されるように、構築主義の特徴のひとつである。とくに中河は「アメリカの社会学の歴史を振り返ってみれば、社会学者という職業集団が、とくに初めのころは社会改良家としての実践を通じて、さらにはより抽象的な形での社会の理論化を通じて、個別の社会問題のカテゴリーだけでなく、『社会問題』という一般的なカテゴリーの構築とプロモーションに貢献してきた」［中河 一九九九：四五―四六］と指摘する。このように、昨今の老年者をめぐる言説の大きな部分を占める社会問題との接続志向や、問題申し立てに対応して提供されるリアクションとしての政策や医療の志向性と権力性に注意をはらうべきとするのが、老いの構築主義的理解の主流である［5］。

二　老いをどのように検討するか――先行研究に見出される課題と本書の方針

前節で概観してきた先行研究には、老いに対する様々なアプローチが見出されるが、その共通点は老いた者やその集団、あるいは高齢化を迎えた社会における老年者のポジションを検討の対象に据えることによって、それぞれの社会においてそれぞれの形で老いが社会化されてきたことを明らかにしていることである。しかし、これらの研究にはいくつかの問題点もある。そのひとつが、老年者を実在的な存在として対象にすえる問題設定である。老年者という対象設定において、我々は彼らを本質主義的に規定してしまっているのではないか。つまり、構築主義の文脈、人類学分野におけるオリエンタリズムに関する議論やポストモダン人類学の主張と同じ構図にもとづく問題点である。

たとえば日本の老年者を研究対象としたパルモアは、日本社会では儒教や祖先崇拝にルーツをもつ年齢と年功にもとづくタテ関係への志向がきわめて強いため老年者の地位は高いこと、こうした敬老のありかたは第二次大戦以降変化してきているものの、公的な場での老人問題に対する関心をみても、敬老精神は根強く残っていることを指摘している［パルモア・前田 一九八八］。しかしながらこのパルモアの言は、西欧近代が非西欧社会を見るというオリエンタリズム的なまなざしに満ちているようにもとらえられる。人類学はとりわけ「伝統的」社会への研究志向が高いことから、現在の社会状況において広く見られるようになった老年者への公的保障制度——いわゆる近代福祉制度——が導入・展開される過程への視線、つまり「伝統的」社会における老いと現代社会の老いとを接続させる視角が不十分になりがちであったことも指摘してよいかもしれない［6］。

また、社会の高齢化現象を取り扱う研究では、高齢化は解決すべき社会問題であり、老年者は社会で保護される社会的弱者であり、福祉を受ける権利をもつ地位にあるものとして設定する前提がある。その結果、老年者は社会問題の当事者として固定されてしまい、社会問題への対応としての福祉制度が老年者や社会に与える作用がさらに助長されてしまうのである。

もう一点、ポストモダン人類学以降の老年者をテーマとする民族誌的研究では、研究対象設定における恣意性への自覚がなされた半面、老年者が属する社会集団や老年者が構成するグループ・コミュニティへの参与観察というアプローチが中心となったために、老年者個々人の生活の実態は明確に論じられていないように感じられる。同様に社会学においても、社会システムの把握を試みる研究視点に立つがゆえに、それらが個人に及ぼす影響やその社会のなかで実際に活動する個々人の主体的な動きを看過してしまいがちであったという問題も生じている。つまり、老いの個人性の捨象である。老いは確かに社会的に意味づけられるが、個別の生のなかでそれぞれに経験されるものであることを忘れてはならない。

これらの問題から脱却するために、本書では社会的な要素としての老いが歴史的・地理的な背景のなかで位置づけられていく過程を議論の根底に置くことによって、かつて「伝統」社会への研究志向を強くもっていた人類学で語られてきた、知識や権威にもとづく社会的地位の高さだとか、親族内・共同体内での老年者の地位などのある種本質主義的な老いイメージ、あるいは近現代的な社会様相においてしばしば意識されてきた離脱理論への反証志向への自覚と、それらからの脱却を試みる。この目的意識によって、本書では、社会化された老いのさなかで人々が老いることを、老年者が生を営む場と老年者個人との相互関係において記述していく。

また、以上の検討から老人、高齢者などの語彙もそれぞれ社会的・政治的意図をもつと考え、使用に注意を払う。以降では、そのような意図をもたない中立な語として「老年者」を、とくに社会政策面への言及の際には「高齢者」という語を使用する。

本書のアプローチ

本書では沖縄県都市部における老いの営みについて、次のように議論を展開する。

①地域の社会的・歴史的背景と老年者個人との相互関係

本書の舞台は、老年者および彼らが所属する社会を構成する人々が生を営む場（空間）である。この場は、従来の老年者のグループ・コミュニティ研究が設定してきたような、老年者同士、あるいは老年者と彼らをケアする成員たちとの語り・関係性のみではなく、親族関係や経済構造なども含んだ、老年者が生を営む社会背景全体を想定している。またそこは、老年者たちが経験してきた沖縄戦や米軍統治、経済成長という歴史背景をもつ場であり、さらには昨今、近代的な福祉制度や社会保障といった新たな老いが制度化されている――新たな老いの社会化が行われていることも想定されるような、社会背景を背負った場でもある。このような設定を行うのは、過去から現在に至るまでの歴史の連続の内部で生き続けている老年者を、生の背景ごと包み込んで拾い上げたいからである。この理解を徹底することによって、次の検討が可能になる。

②人と老いとの接点に見出される老年者の主体的な行為

①で示された社会的・歴史的背景のなかで社会化された老いと、老年者の個人的な実践とを対比させた検討を行う。対比の基準とするひとつが、パーソンズ［7］とギデンズの理解にもとづいた「社会的役割」である。社会的役割は、社会システムの基本的な構成要素である相互行為において「このように遂行されるべき」と期待され、遂行されるものである。この期待は基本的に人々に共有されており、役割の取得にともなうパーソナリティの形成をとおして個人は社会秩序へと組み込まれていくとパーソンズは考える［8］［パーソンズ 一九七四］。沖縄社会においても、第二章で検討するように、親族集団や地域共同体内に、老年者としてのふるまいや老年者が担うべき社会的役割が認められてきた。それは老いを老いとして意味づけ、老年者を老年者として集団内へと位置

づける機能を果たしている。その背景と、老年者の社会的役割を人々はどのように遂行する／しない／できないのかを、先行研究が示してきたものと、現代都市部の事例とを比較し、検討する。

この検討にあたっては「実際には、誰もと同じように、高齢者は、割り当てられた社会的役割をたんに受け身で演じているわけではない。こうした役割を積極的に形成し、定義づけし直している」［ギデンズ 二〇〇九（二〇〇六）：二〇五］というギデンズの視点を参照したい。ここからは、所与の老いを受動的にとりこんでいくのでない、老年者からの老いへの主体的な働きかけの存在が暗示される［9］。そもそも老いるという現象、またその意味は、社会レベルから個人レベル、理念的なものから現実的なものまで多岐にわたっているし、さらには老いという現象に直面する主体が、何を問題としてとらえ、どう対応するのかという、多層性と個別性をそなえていることを失念してはならない。この老いの多層性と個別性を、所与のカテゴリーとしての老いという前提でなく、個人が臨機応変に対応し、場面に応じて新しい意味をそこに見出すこともあるような「行為」として理解したいのである。

以上①②にもとづき、本書では、本質主義的な問題設定から脱却した老いの分析を目指す。

先に強調しておきたいのは、本書の主題は高齢者福祉政策への直接の提言にはないことである。もちろん、議論の展開上福祉制度の現場を取り上げ、問題点を指摘することもあるが、この解決策の提示は本書の趣旨ではない。

研究方法

本書の議論は、当事者と肩を並べて物事を観察するという人類学的場、およびそこでの参与観察から得られた資料にもとづいている。

二〇〇八年七月から二〇一四年一〇月にわたって、私は沖縄県那覇市の高齢者福祉をテーマとした断続的なフィールドワークを実施した[10]。この調査地としたのが、沖縄県那覇市辻地域を中心とし、隣接する若狭地域までを含む範囲である。二〇〇八年から二〇一四年までの現地調査では、まず辻地域にある福祉施設「辻老人憩の家」で提供されているサービスを利用する老年者を対象とした。その後、辻・若狭両地域を対象として、地域活動に参加する老年者や、近隣に居住し顔を合わせやすい老年者、および彼らからの紹介など、福祉サービスに関与しない老年者へと調査範囲を拡大した。並行して、二〇〇八年から二〇一二年にかけて断続的に独居老年者が居住する短期滞在型低賃貸アパートに入居したことから、ここに入居する独居老年者の社会関係を詳述するための参与観察を行った[11]。

調査対象が行政区画としてのふたつの地域にまたがることとなった最大の理由は、現地調査を始めるにあたって拠点のひとつとした高齢者福祉施設「辻老人憩の家」の利用者のほとんどが、両地域に居住していたことにある。また両地域の特性には共通する部分も多い。以下、民族誌的記述を扱う第三章以降と重複する部分も多いが、辻地域を中心として調査地域の特徴をまとめておく。

現在歓楽街として知られる辻地域は、琉球王府期に主に那覇港を利用する外国使節を対象として設置された遊郭を起源とする。この公設遊郭は一九四四年の十・十空襲により壊滅し、辻地域は米軍による地域の管轄を経て民間に開放された。辻地域の復興を担ったのは、沖縄本島都市部での現金収入を目的として移住した、宮古島を中心とした他地域出身者であり、現住民も宮古島を中心とした他地域出身者が多く居住している。現在の辻地域が持つ歓楽街としての特性は、公設遊郭を背景としつつも、辻地域を中心として隣接する若狭地域までの範囲で行われた戦後の開発に起因する。したがって、現在の辻地域を戦前の「辻遊郭」のような独立した社会組織から枠づけることはあまり意味をなさない。また宮古出身者を中心とする移住者が多いという傾向は、隣接し同時期に復興を遂げた若狭地域にもみられ、両地域をまたいで古くから移住者による同郷コミュニティが結成されている。

辻地域の世帯数は二〇〇八年八月の時点で一二三五世帯、人口は二四六四人である。那覇市内の他の地域に比べると世帯数が少ないが、これは風俗店を中心とする商業地域が土地の多くを占めていることによる。辻地域は現在も沖縄有数の歓楽街であるが、近年では「風俗営業等の規制および業務の適正化等に関する法律」(風営法)およびそれにしたがう地域住民・警察の取締りによって、店舗数は減少、客足は遠のき、往時の活気は失われている。辻地域には現在も戦後間もなく建設されたコンクリート製の住宅が多く見られ、老朽化したこれらの住宅が、家賃の安いアパートとして貸し出されることが多い。この地域に単身で世帯を構える老年者は、子世代の独立や親族との離別・死別、子世帯との同居への遠慮により独居を選択する、あるいは余儀なくされるケースが中心であるが、調査では、こうした安価な住宅に「流れつくように」移り住んだという老年者もみかけた。

以上のように、本書がとりあげる地域はこれまでの人類学分野における沖縄研究が主要な対象としてきたような村落社会と比較して、独特な歴史的背景をもっている。このような地域をとりあげ、そこから沖縄社会の老いという一般的な事象を考察しようとすることは、いささか無謀に感じられるかもしれない。しかしながら、第一に本書はとりわけ人類学的研究の対象とされるような地域社会研究を目指すものではなく、現代社会における老いのありようを老年者の営みのなかに見出そうとする試みである。辻地域は、那覇市内で最も高齢化が進んでいる地域として指定されており、孤立老年者や貧困老年者などの社会問題が集中している地域である。総じて場と人とが共に特殊性・個別性を抱えつつ、老いにまつわる問題が多角的に発生しているこの地域を対象として、その上に成り立ってきた老いを拾い上げることは、現代沖縄社会における老いの多層性をいっそう鮮明にするだろう。また都市社会には、親族・家族などの集団の垣根を越えた多様な属性をもつ人々が暮らしている。そこで営まれる老いは、沖縄的でありつつも、たとえば老年者の独居や孤立、貧困など、現代日本各所の都市でみられる状況と類似する部分も多くあると予想される。つまり、「老い」の多面的・立体的な検討によって、沖縄研究のみならず現代日本社会における従来的な老いの理解を相対化することを本書はもくろんでいるのである。

構成

このような目的意識をもつがゆえに、本書は、先行の沖縄研究の成果をふまえた上でそれとは異なる様相を呈する辻地域の現在を述べる、という構成をとることを強調しておきたい。そのために、これまでの研究で示されてきた沖縄社会の様相に、いかに辻地域の人々の生活が当てはまらないのか、を繰り返し述べていくことになるのである。これが研究論文として例外的な形式をとることは承知しているが、この記述形式が、辻地域というある意味特殊な地域での調査をとおしてつくられた私の問題意識をより明確に示すことができると考えた末の判断であることを、先に述べておく。

本書は、本書の目的を示し人文科学分野における老いの研究を整理する第一章、沖縄社会における老いの位置づけを先行研究から確認する第二章、調査地域の歴史・文化的背景（第三・四章）と現在の老いの様相（第五・六章）を民族誌的記述から検討する第三〜六章、そして結論にあたる第七章から構成される。

第二章では、沖縄社会において老いがいかにとらえられてきたかを、老いに関する儀礼や慣習と、琉球王府期から現在までの老年者に関する諸制度・福祉政策の展開の二点から整理する。ここで概観する先行研究は、主として村落を研究対象としている。しかし、本研究の舞台となる那覇市辻地域は、こうした村落社会とは異なる特徴をもつ。そこで第三章ではその特徴を、第一に歓楽街としての発展と衰退、第二に地域と祭祀実践との分離傾向、第三に顕著な高齢化傾向、の三段階から整理する。前述したように、辻地域は遊郭として公設された集落を前身とし、太平洋戦争による壊滅と米軍による管轄期を契機として、戦後には宮古島を中心とする出稼ぎ者が集住するようになった地域である。米軍関係者を主要客層とする商業が彼らの生活を支えたが、ベトナム戦争が終結すると需要は低下し、さらなる就労先を求めて若年・壮年層が地域を離れた結果、現在辻地域は那覇市内で最も高い高齢化率を示す地域となっている。第四章では、現在の辻地域の様相について、移住者が形成したコミュニティの現状、地域祭祀や祖先祭祀などの実施状況を、住民の語りから論じる。

以上のような特殊性をもつ辻地域においては、第二章で示したような沖縄社会的な老いの位置づけを見出すことは難しい。そこで第五・六章では、老年者の日常生活における老いにまつわる諸実践に注目する。第五章では市が主導する高齢者福祉の文脈に現れる老年者を、第六章ではこの地域に暮らしながらも福祉の現場に現れない老年者を事例として、彼らが老いとかかわっていく様子を分析する。この作業をとおして、老年者が生活の様々な場面で個人的に老いに直面していること、その時彼らは個人的な人生経験や現在の生活状況、社会関係を背景として老いを受け入れ、あるいは拒否している様子が示される。

第七章では、本書の全体を整理したうえで、第五・六章の民族誌的記述から示される現在の辻地域における老いの検討から、その老いが、個人的な老いる「行為」のなかに見出すべきとする新たな老いの理解の可能性を提示する。

以降では、現代沖縄社会における老いについて記述していくが、そこで検討の対象となる現代沖縄都市部の社会的状況はもはや、「沖縄」という設定にとらわれるものでなく、日本全国の都市部に共通するものであることは想像に難くない。したがって本書の記述は現在の日本社会における老いの議論にも展開可能であろうことも、先に示唆しておく。

［1］一方で、今日の一般化している老年者たちに向けられる肯定的・否定的・両義的な態度はユダヤ＝キリスト教の文化に根付いたものであり、工業化などの社会変化によって老年者への態度が変わることはなかったとする論もある［アッカンバウム・MMPG総研・伊原 二〇〇〇］。

［2］ホームの閉鎖性については、関沢まゆみによるフランスのサンターヌ・ラ・パルーの調査結果にも注目したい。施設入居者は、普段は教会に行ったりミサに参加したりすることが困難であるため、普段はホーム内で宗教実践を行っている。このようなミサへの日常的参加が困難な老年者に対する地域からの応答として、グラン・パルドン祭りにあたって老人ホーム（**maison de retraite**）をはじめ近隣の老年者のためにミサを特別に行う動きがあるという［関沢 二〇〇二：一六一―一六三］。このように、ホームと社会との接続可能性を問う事例も一方で報告されている。

［3］また、老年者全般が社会によって否定的な役割・イメージを付与されることによる偏見・差別――エイジズム――に関する議論も盛んである。**Butler**は、年齢だけで差別／優遇される問題を老年者への差別＝「エイジズム」として定義した［Butler 1969］。エイジズムについて日本では二〇〇三年「年齢・加齢に対する考え方に関する意識調査」が行われている［内閣府 二〇〇四：六三―三七］。年齢による区分によってひきおこされる問題としては、昨今の「後期高齢者」に関する制度をめぐる議論も注目される。

［4］人類学分野でも、老年として位置づけられる社会的立場や生理的な変化の指標が「文化的老人線」として定義されている［片多 二〇〇四：二二三―二三八］。社会的立場の変化とは社会における地位や役割などの変化のことであり、たとえば

日本の隠居制度がそれにあたる。一方生理的変化とは、主に生殖機能・排泄行為を基準とし、それらが身体的な老化により困難または不可能になることを指す［片多 二〇〇四：二二三―二三八］。また、年齢によって老年というカテゴリーを設ける老人線もある。現代日本の場合、六五歳以上の人間が「高齢者」として扱われ、社会による福祉制度などもこの基準によって適用される。この基準は一九六三年に制定された老人福祉法によるものである。さらに、二〇〇八年にはさらなる高齢者人口の増加をみこして新たな医療制度が施行され、七五歳以上が「後期高齢者」として設定された（後期高齢者医療制度）。

［5］しかしながら構築主義の研究姿勢についても、社会ではなく社会のなかの言説を客観的に取り出し検討する、という「客観性の一段ずらし」によって自らに社会を見渡しうる超越的な視点を与えているとする反論［遠藤知己 二〇〇〇］、多様な解釈が可能な相互関係の場から恣意的に学術研究上の言説を取り出し、論の俎上に載せようとする結果、多様性・複雑性の内部に介入する可能性を見逃してしまうという指摘［岡田光弘 二〇〇一］がある。

［6］たとえば岡田浩樹は、民俗学における「老人」が今日的状況における老年者とその問題のとらえ方や概念化にとらわれていることを問題視し、現在の民俗学における問題提起の構造の現代性・選択性について注意を促している［岡田浩樹 二〇〇一］。

［7］パーソンズは、デュルケムとウェーバー以来社会学の研究関心であった「社会」と「行為」を社会システム論として統合し、一九五〇～六〇年代にかけて機能主義的社会学理論を展開した。彼の研究姿勢には本質主義的な形式主義者としての側面もみられ、多くの批判もあることには留意したい。たとえば、老いという極めて個人的な現象の唯一性を社会現象として覆ってしまうのは、老いという現象を隠蔽し、管理しようとする何らかの権力であるとする理解も可能であろう。

［8］この理解は社会システム論の基礎であり、社会システムを構成する相互行為のパターン化（パーソンズのいう構造化）へと論を展開させるための一部分であるが、本書では深く追究しない［パーソンズ 一九七四、溝部 二〇一一］。

［9］天田城介も、老年者が自らを制御し改編し自問する〈再帰的自己〉という概念をあげている。天田は、老い衰えることをめぐる語りが政治的な場であるとし、領域内の相互行為的パフォーマティブにおける市民社会という秩序において老年者は「絶えず自らの身体を制御し、かつての価値や制度を吟味・改編の対象としつつ、自分が何者であるかを自問・再認す

る〈再帰的自己〉であることを暗黙のうちに命令されている」［天田 二〇〇三：五一八］とする。そのうえで、「再帰的エイジング」とは、市民社会という秩序を作り出している機制［天田 二〇〇三：四五五］と、成員間の諸々の相互行為を通じて既に行為遂行的に作り出されている〈老い衰えゆくこと〉をめぐるアイデンティティのポリティクスという、ふたつの段階でおこなわれる〈老い衰えゆくこと〉の過程とみなしている［天田 二〇〇三：八六］。

［10］本研究を進めるにあたり、二〇〇八年七月三一日から一〇月一二日、同年一〇月二八日から二〇〇九年一月二五日、二〇〇九年六月二九日から九月二日、二〇一〇年六月二九日から九月二七日、二〇一一年六月一七日から九月九日、二〇一二年〇七月一七日から九月七日、二〇一三年二月二七日から三月二日、同年八月一七日から九月一〇日の、通算約一七か月にわたる那覇市辻地域における現地調査を行った。これは南山大学審査委員会の定める倫理規定にもとづいて行われたことを付記しておく。

［11］本書で紹介する老年者の情報は、基本的に彼らの自発的な語りから得られたものをそのまま採用している。そのため、その真偽を問うよりは、老いのさなかで彼らの自己認識がどのように現れているかに焦点をあてた記述になる。

第二章　沖縄の老い

私の母はもう九十二歳になりますが、若いころ自分で仕事をしたせいか、近所付き合いも多く、父が元気なころ仕事から帰ると母は家にいないことが多く、父はよく私に「どこへ行ったか」と近所を歩きまわって探すように言っていました。そして、高齢になった現在、母は毎朝起きるとお仏壇にお茶をあげます。それから、「ヒヌカン」（火の神、竈神）を拝むのが日課で、私の妻にその日課・役割をまだ譲っていません。おそらく死に譲りだと思います。沖縄には隠居という言葉があっても隠居制度はありません。そういう死に譲りと生き譲り（隠居制）の問題は大きな比較の視点だと思います。私の乏しい経験からみますと、村落や血縁集団の神役の地位が、死に譲りの地域とそうでない地域があります。

〔比嘉 二〇一〇：五八〕

沖縄出身の沖縄民俗研究者である比嘉政夫は、二〇〇一年の講演「沖縄の女性の地位と役割」において、母の「日課」を右のように語っている。講演から一〇年以上がたつが、この語りが示唆するところは現代の沖縄社会にも援用できるだろう。祖先の霊を祀る仏壇に茶を供え家族の健康を願ってヒヌカンを拝むことは、沖縄においては老年女性の仕事として認められてきた。また制度としての隠居がないことは、老年者の社会的な死の存在を否定し、老年者が積極的な役割をもって社会内にくみこまれ続けることを意味している。

現在は一般的となった沖縄と長寿とを結びつけるイメージは、後述するように平均寿命の伸長や観光戦略、長寿健康をうたうマスメディアによる言説展開に支えられるところが大きいが、そうした沖縄的な老いに対する意味づけを背景とする部分も大きいだろう。本章では、沖縄社会における老いの歴史的・社会的背景を確認するために、沖縄社会における「長寿」の意味の変遷と、社会的役割をとおして位置づけられてきた老いの姿を確認する。そのうえで、近代的な高齢者福祉が主導する新しい社会的老いの導入過程とその影響にも言及したい。

一　「長寿の島沖縄」イメージの形成

沖縄社会の老いを語るにあたってまず押さえておくべきなのは、敬老思想と長寿儀礼だろう。沖縄社会の敬老思想は、一七世紀以降に交流が盛んになるにつれて導入された中国の老人福祉政策と、一八世紀の政治家である蔡温の施政によって「老人は世上の宝」とする思想が民間に普及したことに端を発する［片多 一九九六、渡邊 二〇〇三］。一七八六年に制定された琉球王府の成文法である「琉球科律」には、七〇歳以上の年齢に応じてその罪を緩和する老人特恵措置の記述がある［片多 一九九六］。また琉球王府の正史である『球陽』には、一七三八年から一八七六年まで琉球王府によって実施された長寿者の表彰記事が掲載されている［渡邊 二〇〇三］。

こうした事業は公的福祉の意味合いを含むため、年齢による対象の選定基準が設けられていたが、一般では長寿は必ずしも一定の年齢を基準とするわけではない。一二年を周期とする生年祝いであるトゥシビー、八八歳に行われるトーカチ、九七歳に行われるカジマヤーなどの長寿儀礼が、一般的に老いのひとつの認知基準となっている。トーカチやカジマヤーにはときに結婚式以上に多くの人々が祝いに駆け付け、カジマヤーでは地域をあげた祝宴が催されることも珍しくない。これらの儀礼は老年者への敬意にもとづくものであるのはもちろんのこと、長寿者にあやかるという意味合いが大きい。

一方で長寿祝いには人としての生の終わりの生前葬の意味合いも含まれる。たとえばカジマヤーの前夜、当人が寝込んでからその寝床に葬儀と同じ形式で用意された枕飯を供え、一夜明けてから盛大な祝宴を供する「枕飯御願」と呼ばれる慣習があった。今帰仁村に昭和初期までみられた、祝いの前夜に当人に後生衣を着せて寝かせ、枕元に「一日の飯米」を供える「長旅支度」の慣習〔今帰仁村史編纂委員会 一九七五：二四〇〕、浦添市にみられた、当人に死装束を着せ、仏壇の前に西枕で寝かせる慣習がそれにあたる〔浦添市教育委員会 一九八三：四〇〇〕。那覇市では、『那覇市史資料編 第二巻 中の七』編纂のための調査ではそのような情報は得られなかったが〔那覇市企画部市史編集室 一九七九：六二二—六二三〕琉球政府文化財保護委員会が提出した「沖縄の民俗資料調査報告」（一九八九年）に同様の儀礼があったことは記述されている。また古家信平は、トーカチを過ぎた者は家庭内のヒヌカンの拝みの対象から外される、つまりヒヌカンに対して家族の成員権を失うという沖縄中部の離島の事例を紹介している〔古家 二〇〇九：四三—四四〕。

長寿儀礼が含むこうした生前葬の意味合いについて、枕飯御願を「模擬葬式」として見出した源武雄は、長寿者の強い霊力が若者から霊力を奪い取ってしまうことを恐れていたと推測し（『沖縄タイムス』一九六八年三月二九日〜四月一日）、酒井卯作は長寿者の死は一種の慶事としてとらえられていたとし、このような長寿認識は日本本土にもみられると指摘した〔酒井 一九六七：三八六〕。また古家信平は、「高齢にならない内に死んでほしいという枕飯御願は、かつて食糧事情が悪かったために老人の長寿を喜ばず、長生きを罪悪視する風潮が生じて老人を捨てたことの痕跡」[古家 二〇〇九：三六―三七]とし、かつて存在したとされる棄老慣行と関連させ、このような沖縄地域内の模擬葬式の消滅過程を示している[古家 二〇〇九]。

一方、日常生活のなかの老いは、戦前の記録はあまり残されていないものの、現在老年者となった人々の語りや自分史に代表される個人的手記からその片鱗をみることができる。たとえば二〇一二年時点で八〇歳代になる若狭地域の女性は、戦後間もなくのころ自宅の隣が地域の老年者の集会場となっており、地域の老年女性が日々茶飲み話に花を咲かせていた、と語る。その様子を眺める中で、彼女は「人生の先輩」である老年者への敬意を高めたという。また、辻地域に住む七〇歳代の宮古市出身の女性は、宮古地方では四〇歳を超えた者は「老人」として地域共同体単位での労働から解放され、むしろ編みやかご編みなどを行っていたと語る。こうした老年者像は宮古地方に限られたものではなく、戦後間もない頃までは比較的労力が少ない機織りやむしろ編みに従事していた[リーブラ 一九七四(一九六六)：一六七]。その背景には、当時の沖縄社会には資本主義経済とそれにともなう定年引退制度が十分に浸透していなかったことがあげられよう。

一九七二年の本土復帰に前後して、沖縄でも日本本土を追う形での経済成長や平均寿命の伸長がみられるようになる。この時期になると、日本社会と同様に、社会的危機感をともなう老いの語りがみられるようになる。一九七九年に沖縄の老人問題を特集した『青い海』八八号[青い海出版社 一九七九]を嚆矢とし、一九八六年の崎原盛造の論文「都市と農村の老人」など、沖縄で出版される雑誌や沖縄研究者の論文にも、社会問題の枠組から老年者をとらえるものが発表される。沖縄社会においても老人問題は身に差し迫ったものとして感じられるようになっていくのである[崎原 一九八六]。

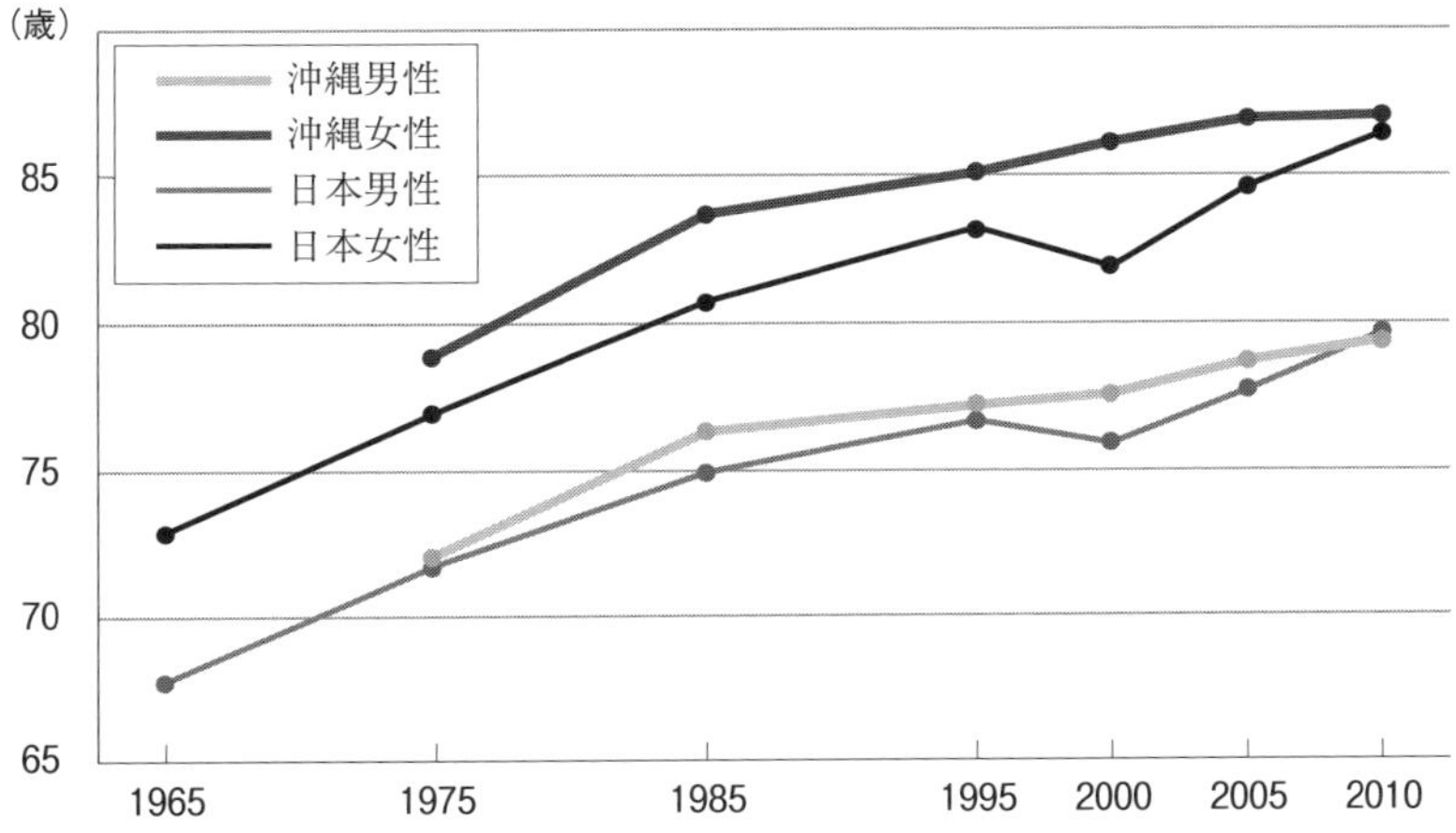

グラフ①　沖縄県と日本全国の平均寿命の推移（平成22年都道府県別生命表より）

老年者の増加を危機的にあおる記事が続く一方で、一九九〇年代に入ると、増加する老年層を読者として設定した新たな老後のかたちを提案する形態の雑誌が刊行される。一九九五年に沖縄県内で創刊された『週刊シルバーエイジ』は、老年期に多い疾患についての解説、シルバー人材センターのシステム解説、老後の扶養や遺産分与・遺言などのテーマを取り上げる法律のコーナーなど、老年者が関心をもちやすい誌面構成となっている。また一言英会話のコラム欄を設けたり、年末には新年の子世帯の里帰りに向けての心構えを流行に合わせて紹介するなど、実に多岐にわたる分野を網羅する内容となっている。サクセスフル・エイジングをテーマとする雑誌はこの時期全国で刊行されたが、同誌は沖縄老年者の関心が当時どこにあったのかを探る指標のひとつとなるだろう。

そして一九九五年、日本全国の都道府県別平均寿命において、沖縄県が女性第一位、男性第四位を獲得したことによって、沖縄県やその老年者に対する全国の認識は大きく変化した。同年には太平洋戦争・沖縄戦終結五〇周年記念事業の一環として世界長寿地域宣言がなされたが、この宣言には、第二次大戦で壊滅的な被害を受けた沖縄が医学面でも生活環境面でも世界有数の長寿を支えるほどの水準にまで復興したことを表明する、という政治的意図も多分に含まれていたと考えられる［1］［多田 二〇〇八：一五五］。いずれにせよこの年をきっかけとして、沖縄は「日本で唯一上陸戦の経験をもつ島」「オリエンタリズム的興味にあふれる南の島」としてだけではなく、「長寿の島」としても周知され、それを支える風土や食への日本社会からの関心も高まっていくこととなった［2］。

その長寿イメージの広がりを支えたのは、九〇年代に上映された映画『ナビィの恋』、そして二〇〇〇年代に放映されたTVドラマ『ちゅらさん』などのメディア展開であった。『ちゅらさん』では、主人公を支える元気で明朗な老年女性（おばぁ）と彼女を取り巻く家族とのヒューマンドラマが繰り広げられ、主に県外で人気を集めた。また、二〇〇〇年に刊行された沖縄の老年女性の元気さ、痛快さを面白おかしく紹介する『沖縄オバァ列伝』シリーズは増刷を繰り返し、ひとつのコンテンツとなるまでに成長した。現在も「家族や地域に愛される元気なおじぃ、おばぁ」というイメージは変わらず展開されており、「長寿の島」イメージは沖縄の観光資源の一翼を担っている。たとえば老年女性が「マチグァー」と呼ばれる市場にかまえる商店や飲食店は、彼女たちとのやり取りのなかに「沖縄的」な情緒を求める人々のための観光名所となっているし、そのような店舗を紹介するガイドブックも数多く出版されている。

しかし、観光の文脈におけるこれらの傾向は本土メディアが一九九〇年代に盛んに売り出した「元気な沖縄」を掲げるツーリズム戦略によるものが大きく、現在もなお沖縄に居住する「ウチナンチュ」と本土との間には沖縄イメージに関するずれが存在していることも指摘されている［多田 二〇〇八：一五六］。

二　沖縄社会の老年者

前節では琉球王府時代以降の公的な文脈、長寿儀礼を中心とした慣習的な文脈、観光資源化という対外的な文脈の中で形成されてきた沖縄の「老い」のイメージについて概観してきた。続いてとりあげるのは、社会生活の諸場面での老年者という存在についてである。以降では、親族集団と地域共同体における老年者の立場を社会的役割という理念的な面と宗教実践という具体的な場面の二点から説明するために、沖縄研究の蓄積を参照する。

沖縄は、ながらく日本の人類学的・民俗学的研究の中心であった。たとえば早期には柳田国男、折口信夫、柳宗悦、また沖縄出身の研究者としては伊波普猷、島袋源一郎、金城朝永、佐喜真興英らによって、宗教祭祀や親族構造の解明に重心を置く採集記録にもとづく比較研究が実施された。第二次大戦後も沖縄社会への人類学的関心は衰えることなく、一九六〇年代からはとくに構造機能主義人類学の影響のもと、親族集団・祭祀集団と祖先観・世界観などの祭祀にまつわる諸観念との関わりに注目が集まるようになる。一九八〇年代以降には宗教研究がその領域を拡大し、民俗学における総括・集約を行うと同時に、アジア的・世界的な視野からの研究がすすめられるようになった。この頃、馬淵東一、比嘉春潮、村武精一らの象徴＝構造論的分析にもとづく現在学的な宗教研究、ヨーゼフ・クライナーらの歴史民俗学的研究、W・リーブラ、佐々木宏幹らのシャーマニズム研究が著された。また竹田旦、桜井徳太郎らによる比較民俗的研究も広く行われた。

本来であれば、これらの研究蓄積を参照しながら、老年者が沖縄社会にどのように位置づけられてきたのかを整理すべきであるが、その膨大な研究成果を紹介するほどの紙幅はない。そのため本節での紹介は、とくに親族集団と村落社会における老年者の状況の機能＝構造論的方法論にしたがった総体的な整理にとどまる。

親族集団の中の老年者

戦後の人類学分野の沖縄研究の多くは、親族集団の解明に重点を置いてきた。ここで親族集団の基本的な要素としてあげられたのが、家（ヤー）と門中である。共同の祖先祭祀をつかさどる機能をもった最小の組織区分がヤーであり、その共同の父系血縁を認めるヤーの集合体が門中（上層階級では氏門中）と呼ばれる［3］。

親族集団は子孫をもうけることによって集団の連続性を維持することを最たる目的とする［4］。祖先―子孫のつながりの保証は門中の長男が財産と先祖の位牌を相続し、将来の後継者に継承するという原則に見出される。このとき次男以下は、長男の家である本家に対する分家としてその儀礼的関係を負うことになる。このようにして、門中は網状に分岐、拡大していく性質をもつ［比嘉　一九八六］。またヤーの特性も同様に父系原理から説明される。

沖縄社会では親族集団に付随する先祖の位牌の相続・継承にも長男優先の観念が強く、次男以下が継承することは嫌われる。もし娘がいたとしても、家を継ぎ位牌を継承する資格は与えられず、娘は婚出させて兄弟ないし門中内の近い血縁者から養子を取る。これは他の父系筋の混淆（タチイマジクイ）を嫌うためである。また、同じ仏壇で兄弟同士・従兄弟同士の位牌を合わせて祭祀すること（チョーデーカサバイ）も忌避されるため、次男以下は分家を行うことになる。位牌を管理するのは基本的に家長であり、その位牌は死後次の家長となる長男に継承されるので、この意味で沖縄社会には隠居制度は存在しない。

また、沖縄社会の世代継承で重視されるのは家業や家産などの経済的・技術的なものではなく、位牌や屋敷地に表象される、男系にもとづく宗教的・象徴的なヤーの存続である［5］。近年では長男以外の息子たちにも財産が分与される場合が多いが、それでも祖先の位牌と老親の世話は長男の責任とされる傾向が強い。こうした継承の長男優先傾向は、次男が家を継承するチャッチウシクミ（嫡子封じ込め）や先に述べたチョーデーカサバイ・タチイマジクイの忌避など、位牌継承にあたっての多くの禁忌事項の存在からも強調される［比嘉 二〇一〇：二七―三九］。以上のように、沖縄社会の門中やヤーの存続・継承では長男の役割が強調され、位牌は原則として門中の本家の家長やヤーの家長、すなわち集団の構成員のうち最も年長である男性が管理することとなっている。これは親族集団における男性老年者の重要な社会的役割として見出される。

しかしながら、沖縄での門中およびヤーの継承における厳しい父系血筋の遵守は比較的新しいものと考えられることは特記すべきである［6］［比嘉 二〇一〇：三〇］。沖縄の門中概念は琉球王府期、一六八九年の系譜座の設置によって氏族層に定着したことが指摘されており［小熊 二〇〇九、比嘉 二〇一〇：一五〇―一五二］、沖縄社会の親族制の基盤はウェーカ・ハロウジと呼ばれる双系的な血族と、ヒキ・ハラと呼ばれる父系血族との双方から理解されるべきとする指摘に注意を払っておきたい［蒲生 一九五七、比嘉 一九八六］。加えて、位牌祭祀にも儒教思想の影響が色濃くみられること、位牌継承権における女性の排除という慣習が一九八〇年代に『琉球新報』によって推進されたキャンペーンをうけて女性側から提起され、社会問題となっていることも、親族集団の現状と今後のあり方を考えるうえで見逃すことはできない［比嘉 一九八七］。

地域共同体のなかの老年者

続いて、地域共同体内での老年者の立場を確認する。以下では村落社会を対象とした研究を概観するため、とくに「村落共同体」の語を用いる。

沖縄の村落共同体は税負担の共同や集落の統制を目的として、間切〔7〕単位と各村落単位で構成された継続性のある慣習と、その時々の協議によって決定される内法（共同規制）にしたがって組織化されてきた。この点で、その社会的性格は日本本土の家の連合経済共同体としての「村」によるものとは異なるとされる［大本 一九八三］。琉球王府の法制下では、地割制と住民個人への租税を課す人頭税制が展開されていた。人頭税の負担者は十五から五〇歳の男女（正頭《しょうず》）であり、明治・大正期には課税の対象期間を終える直前の四九歳を「老人の仲間入り」とする例もみられた［古家 二〇〇九：五四―六六］。村落共同体は税の貢納の単位としてだけでなく、共同労働の単位、行政単位、地域内の祭祀単位であり、また相互扶助の機能も有していた［大本 一九八三］。基本的な自治組織は村揃（ムラズリー）、総揃（ソーズリー）などと呼ばれ、貢租の上納、寄留、窃盗・強盗・殺人の協議など、村落内の重要事項の決定はこの単位で行った。参加基準は、地域で異なるものの一般的に数え年で一五歳（満一三歳）以上の男子とされ、ところによって六〇歳までの上限があった。また基本的には村落共同体の範囲には含まれない女家主や、屋取〔8〕（ヤードゥイ・ヤードリ）集落の者が参加する地域もあった。その他に一五歳から四〇歳までの男子の集会であり農作物の管理や村落の運営などを協議する二才揃（ニーセーズリー・若者揃）、共同体の指導層にあたり他村落との協議を行う親方揃（ウヤカタズリー・親衆揃・親方集）、家を代表する者によって構成されるチネー揃（チネーズリー・チネー主揃・煙揃〔キブイズリー〕）、地割の資格者によって構成される地人揃（ジンチュズリー）が組織されていた［上地 二〇〇八］。

地割制は村落の共有地を共同体成員に分配する制度であったため、これにもとづく組織は、琉球処分以降に各家の土地に対する私有財産観念が発達するなかで変容していく。土地の集積によって比較的富裕な家が出現すると同時に各村民の社会分業が進行し、下部組織の機能が分化していったためである［上地 二〇〇八］。また明治期以降には慣習の調査と連動して内法が成文化されたが、これも慣習すべてをフォローするものではなかったことも付記しておく［平良 二〇一一］。

以上に加えて、沖縄の村落共同体には年齢によって分化された組織が一定の機能を果たしてきた部分もある。リーブラは戦後間もなくの調査から、一三歳以上の未婚の男子によるワカムングミ（若者組）、五〇〜五五歳までの既婚男性によるスウグミ（主組）、それ以上の年齢の男性によるウフスグミ（大主組）の存在を報告している。ワカムングミに属する者は村落内の労働、警備を担当し、ウフスウグミの成員は村落単位の様々な行事の指導を行った。ウフスグミは村落の元老であり、スウグミの相談役的役割も果たしていたという［リーブラ 一九七四（一九六六）：一七〇］。岡正雄は「村落または村落の男子は、一定の年齢（一三〜一五歳くらい）にたっすると、すべて成年式または入社式を経て、最下級の年齢組（若者組）にはいり、以後いくつかの年齢階級を順々に経て、年長者または老人の階級に進むところの、年齢による上下の秩序を構成原理とする社会制度である」［岡ほか 一九五八：二四二］と報告している。

一方で、年齢集団への加入儀礼についての明白な事例の報告が少ないことから、制度としての年齢階梯の存在に疑問を示す研究者もいる。たとえば渡邊欣雄は、身分階層が欠如した沖縄社会を年齢階梯から理解しようとした蒲生正夫や江守五夫らの研究を、類型を設定するために文化要素を極度に強調したり、一部地域・他地域で認められた事例を沖縄社会に一般化しようとすることによって、恣意的な事象認識や分析操作に陥ってしまっていると評価している［渡邊 一九八五：三九―四六］。とはいえ、年齢階梯制度の有無は他の研究にゆずるとしても、年齢が老年者を共同体内に位置づける一定の機能を果たしていたとみなすこと自体は差し支えないと思われる。

もう一点、老年者の村落共同体内での位置づけを見出すことができるのが、セーフティ・ネットワークの存在である［磯辺 一九九二］。沖縄社会における相互扶助は、共同体全体の成員がかかわる「ユイ」とよばれる生産に関する相互扶助行為と、「摸合（モヤイ）」「ユレー」とよばれるそれぞれの人間関係単位で実施される生活互助機能を備えている。摸合は老年であること自体を根拠とするものではないが、沖縄社会を代表する相互扶助行為である。三章以降の記述にもしばしば現れるため、簡単に説明しておくと、沖縄社会にみられる一般的な金融システムである。たとえば漁業従事者の間では、人が死んだときや遭難したときに摸合をたて、その遺族に摸合金を渡すという援助的意味合いが強い摸合が行われていた。また第三章で詳しくみることになる辻遊郭では、妓女の衣装や道具の購入代金や、抱え親が抱え子をとる際の身代金の確保のためにも摸合が行われていたという［9］［那覇市企画部市史編集室 一九七九：三二九］。

本題に戻ろう。老年者に対する共同体内のセーフティ・ネットワークとして真っ先にあげられるのは、ユイにおける労働力提供の免除である。たとえば宮古市出身の女性の語りでも、「老人」はユイにおける共同労働負担は免除されている。さらに、地域によっては特有かつ公的な色合いの強い扶助関係が見出された。たとえば宮古島では、近世より八〇歳以上に対して正女（一五～五〇歳の女性）を介護人としてつける制度があったとされる。一九六九年の調査にもとづく報告書『沖縄旧慣地方制度』には、介護人の税金（貢布糸）を村で分担する制度、九〇歳以上の困窮者に粟を支給する制度の存在が記されているし［琉球政府文教局 一九六八：一三七］、「沖縄県旧慣租税制度」によれば、宮古島では一七一一年、年貢負担の対象を年齢を基準として一五～五〇歳と定め、老年者や年少者、あるいは障害者に対して租税を免除していたようである［沖縄県教育委員会 二〇〇五］。

以上のように、村落共同体では、共同体内の自治・労働負担・相互扶助の文脈から老年者を位置づけていたと整理できる。しかしながら、とくに課税制度やユイの免除から生じる老年の区分、セーフティ・ネットワークは近代法制度や人口高齢化・過疎化の影響により変容・包摂を余儀なくされ、戦前の形態を残す地域は現在ではほとんどみられない。また先述した地割制の崩壊に加えて村落共同体の性格を変化させた要因として、明治期以降の日本政府主導による区（自治会）、青年会（青年団）、老人会などへの再編をあげておきたい。この新しい組織は日本全国にわたりつながりをもつものであり、この意味で国家による統制・管理の一形態とも考えられるだろう。また、年齢集団によって形成される祭祀組織についても、社会や人口の変動とともに解体した地域が多く、現在では宮古・八重山などの一部地域で制度化されているのみである［大本 一九八三、平井 二〇一二］。

老年女性による宗教実践

以上のように、老年者は親族集団内では父系にもとづく象徴的宗教的意味をもつ存在として、村落共同体内では自治のための年齢を基準とした区分やセーフティ・ネットワークのなかに立ち現れてきた。しかしこれらの説明、とくに親族集団における祖先祭祀の理念や村落自治の文脈においては、とくに男性老年者への視点に偏重しているように感じられる。そこで、女性老年者が存在感を発揮する場面として、女性に霊的優位性を認める価値観に支えられる宗教実践をとりあげたい。

内容に入る前に、沖縄の宗教的価値観とそれと相関して組織された琉球王府期の宗教組織の体系を概観しておく。琉球王府期の宗教組織は、王府が任命する世襲の女性最高祭司であるチフジンガナシーメー（キコエオオギミ、聞得大君）を頂点とし、それぞれが保持する特定の宗教的機能をとおして段階的に統制されていた。主要な各村落には聞得大君より指名されたノロ（ヌル）が配置され、農耕儀礼を中心とした共同体祭祀を取り仕切った［10］。

また村落内からも祭祀を実行する者が選出され、並行して親族集団単位で行われる祖先祭祀、ヤー単位で行われる位牌祭祀・家庭内祭祀が実施されていた。これらの祭祀制度については詳述しないが、この制度の根底には女性に儀礼上の優越性が与えられるオナリ神信仰が認められる。オナリは姉妹を意味し、エケリ（兄弟）に対して兄と妹、姉と弟という組み合わせにしたがい、姉妹が兄弟を守護するという信仰概念であり、たとえば聞得大君は琉球国王の姉妹から選出され、兄弟である琉球国王に霊的威力を付与する役割を担っていた［11］［比嘉 二〇一〇：二九—五三］。

オナリ神信仰にもとづく宗教実践と女性との親和性は、地域共同体や親族集団単位での祭祀実践にも見出される。親族単位でいえば、たとえば親族単位で実施される農耕儀礼である五月ウマチーでは、家主が稲の初穂（シキョマ）を婚出した姉妹に届け、豊作の祈願を依頼する。この儀礼は家主の義務でもあり、ヤーではなく父系出自集団の範囲で儀礼が行われる例である。また男性の航海安全の守り神となるのもその姉妹である。共同体単位では、村落の創始者の家系となるニーガミがオナリ神信仰の形態をとっている［比嘉政 二〇一〇：五二］。このような沖縄の宗教的価値観における女性の優位性は、琉球王府によって体系化された段階的組織をとおして村落や家庭内に浸透していたとみることができる。

これらの役割につくこと自体には老若の基準はみられない。というのは、祭祀を担う神役（カミンチュと総称される）は、世襲を前提として霊的能力に優れた者であることが問われるからである［渋谷 二〇〇八］。彼らは「カミダーリ」とよばれる精神的病理現象を生じた経験をもつことが多いが、「カミダーリ」を受けた場合であっても、共同体祭祀のための専門的司祭者になるか、親族集団のための司祭者になるか、あるいはユタとよばれる民間巫者になるかは場合によって異なる。さらに村落祭祀のための司祭者は先に述べたように家系的継承という原則があること、共同体祭祀では祭祀を行う地域（土地）と祭祀の参加者との地理的接近性が重視される。このことは次章以降で扱う辻地域の地域祭祀を検討するうえで重要であるため、注記しておく。

しかしながら、具体的な祭祀実践の場面に注目することで女性老年者と祭祀実践との間の親和性を明確にすることができる。この、女性老年者が宗教的場面において果たす役割について検討しよう。

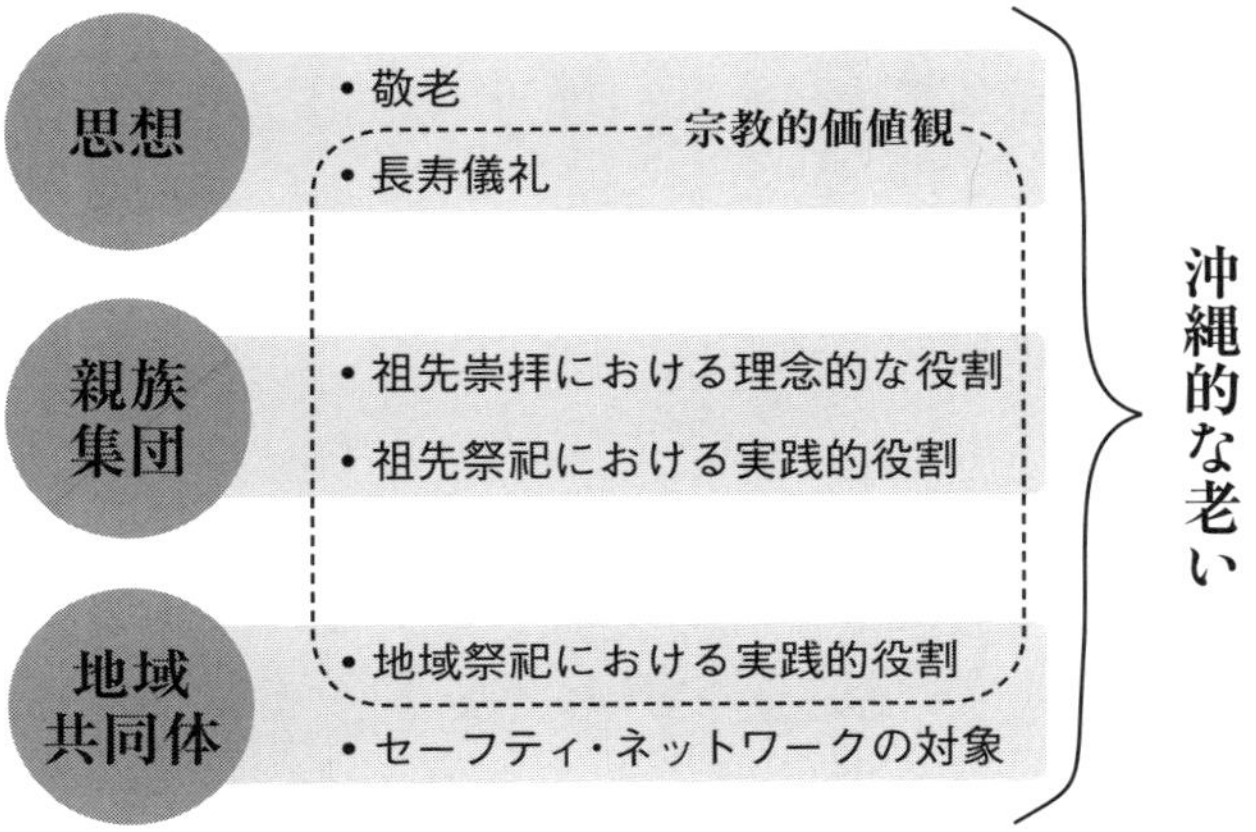

図① 沖縄社会における従来的老いの位置づけ

まず、沖縄の親族集団、とりわけ門中は祖先祭祀父系の原理にもとづき、その集団内の祖先・祖霊神［12］に対する災因論的信仰が見いだされる。このとき、親族集団内の司祭者の選出にあたってユタなどに赴きハンジ（助言）を受けるのが、一族内の年長女性である。また集団内の年長者自体が、祖先との仲介あるいはそのものとしてあがめられるという説明もなされる［比嘉 二〇一〇：五二一—五三］。

さらに、家庭内で行われる祭祀の各場面に注目することで、女性老年者と祭祀実践とのつながりはより明確になる。ヒヌカンに対する祭祀をつとめ、年中行事やその他の暦の日付と運勢に関しての信仰や習慣に気をくばるのは家族内の年長の女性の役割である。彼女らは家族の成員の生まれ年、死亡年次などについて熟知しており、たとえばユタを訪れ運勢や各種問題についてのハンジを得る際にその知識を生かしている［リーブラ 一九七四（一九六六）：六二―六六、大橋 一九九八］。さらに、日々の生活の中での祭祀実践、つまりヒヌカンや仏壇に供え物をしたり、手入れをすることは、比嘉の講演での語りにもあるように家庭内の年長女性の仕事とされている。この女性の祭祀実践への関与について、大橋英寿はユタへの接触依存行動を指標とする「生家や門中の祭祀者としての役割を生涯担いながら、結婚によって、妻―嫁―母―姑―祖母―祖霊という地位・役割を推移していく」［大橋 一九九八：五］という社会化過程を示している。このように、親族集団内、家庭内の祭祀実践にみられる年長者の優位性は、祖先と子孫のつながりを保証するための位牌継承を担う男性老年者と、霊性を根拠として祭祀に直接的に関与する女性老年者という構図から説明できるのである。

こうした老年者と祭祀実践との結びつき自体は日本全国にみられる［13］。この理由のひとつは、老年者が親・祖父母より受け継いだ、また本人自身の経験にもとづく知識を豊富に有していることにあると考えられるが、そのなかでも沖縄のケースは際だった例といえる。

また、地域祭祀についても、宮古・八重山の地域祭祀組織にみられる年齢階梯のシステムのように、一定の年齢や年長であることに祭祀上の役割を見出す認識も少なからず存在する［平井 二〇一二］。さらには司祭者が終身制であることや、祭祀についての経験、知識を保持するのが年長者である場合が多いことから、司祭者としての地位に限らず、非公式ではあるが最年長者が指導者的役割を担うとする報告があることを示しておきたい［14］［リーブラ 一九七四（一九六六）：二二四―二二五］。とくに近年では、家族形態や労働形態の変化による担い手不足により、実質的に老年者が司祭役を担うようになっているのは確かである。

以上の検討から沖縄社会における老いは、敬老や長寿にまつわる思想、そのあらわれである儀礼やメディアによるイメージ、沖縄的な相互扶助の理念、宗教的価値観などから見出され、それらの集積とそこで期待される役割によって、老年者は社会のなかに位置づけられてきたといえる。

三　新しい老いのシステム――近代福祉制度と老年者

前節で示した社会組織と宗教的価値観、そこから期待される役割が従来の沖縄社会における老いを支える背景であったとするならば、近代福祉制度は近年急速に老年者やその家族のなかに侵入した新しいシステムであり、これもまた老いを社会的に規定する力をもっている。

近代福祉制度が老年者の社会的立場と生活基盤に与える影響については、Chudacoff［1992］による、アメリカにおける老年者に関する諸政策と高齢者カテゴリーとの関係性を示す研究が参照できる。アメリカではここ一〇〇年の間に、老人性認知症と老化にともなう肉体の衰えを同一視する認識が誕生した。この認識のもと、科学的に進歩する社会の需要についていけないという理由で、老年者を社会の他の構成員から分けようとする姿勢が主流となる。この中で老人ホームが成立した。その後、いよいよ増加する老年者のための様々なサービス提供に関する行政機関についての法律として、一九三〇年代に社会保障法、一九六五年に高齢アメリカ人法（六〇歳以上を「高齢者」とするソーシャルサービス）とメディケア（六五歳以上の老年者を対象とした医療保険）などが認定される。これらは福祉サービスを受ける基準に年齢を用いた制度である。メディケアに代表される医療制度と老年者に関する行政システムの充実は、医療技術の発展にともない寿命がのびたことにより、社会構造の中における年齢階層のとらえなおしが生じたことを意味している［Chudacoff 1992］。またここで新たに設定された「高齢者」は、行政が対面する具体的な社会要素として実体化されたものであるとみることができる。

それでは、沖縄社会において近代福祉制度は、老年者の社会的地位にどのような影響を与えているのだろうか。日本社会で福祉制度が成立、充実していった時期、沖縄は第二次大戦および戦後の混乱と米軍統治下にあったために、沖縄の福祉制度は基本体系を日本の社会福祉事業に準拠しつつも、現実的な経済・文化的背景にしたがって具体化されたという経緯がある。しかし本土復帰以降、日本社会の福祉制度動向を沖縄社会も追随し、現在は日本社会において社会化された老い――家族機能の変化、経済発展と人口移動、それらを背景とする福祉制度の展開のなかで「社会で対処すべき問題対象」として規定された老い――を同様な形で背負っていると考えられる。

そのため以降では、まず日本本土の福祉制度の展開を確認したうえで、この影響を受けつつも独自に展開した沖縄の高齢者福祉政策の成立と展開における特徴を指摘する。

日本の福祉制度の展開

一九五六年、国際連合は当時の欧米諸国の水準を基に、高齢化率（六五歳以上の人口が総人口に占める割合）が七％を超えた社会を「高齢化社会」、高齢化率が一四％に到達した社会を「高齢社会」と規定した。日本では、六五歳以上の高齢者人口は一九五〇年には総人口の五％に満たなかったが、一九七〇年に七％を超え、さらに一九九四年には一四％を超えた。そして二〇〇三年度には高齢化率が一八・五％に至り、「高齢社会」から「超高齢化社会」を臨む地点に立っている［内閣府 二〇〇三：四］。本項では『平成二七年度高齢社会白書』［内閣府 二〇一五］を参照し、日本の高齢化の現状を確認する。

二〇一四年一〇月一日時点の日本の総人口は一億二七〇八万人で、二〇一一年から四年連続で減少している。

単位：万人（人口）、％（増加率・構成比）

		2005年10月1日			2014年10月1日		
		総数	男	女	総数	男	女
人口	高齢者人口（65歳以上）	2,560	1,084	1,476	3,300	1,423	1,877
	前期高齢者（65〜74歳）	1,403	655	748	1,708	810	898
	後期高齢者（75歳以上）	1,157	429	728	1,592	612	979
	生産年齢人口（15〜64歳）	8,459	4,250	4,210	7,785	3,926	3,859
	年少人口（0〜14歳）	1,756	901	855	1,623	832	792
構成比	総人口	100.0	100.0	100.0	100.0	100.0	100.0
	高齢者人口（高齢化率）	20.0	17.4	22.6	26.0	23.0	28.8
	前期高齢者	11.0	10.5	11.4	13.4	13.1	13.8
	後期高齢者	9.1	6.9	11.1	12.5	9.4	15.0
	生産年齢人口	66.2	68.2	64.4	61.3	63.5	59.1
	年少人口	13.7	14.4	13.1	12.8	13.5	12.1

表①　日本の高齢化の推移と現状［内閣府 2015］

その一方、六五歳以上の高齢者人口は過去最高の三三〇〇万人（前年三一九〇万人）となり、高齢化率も二六・〇％（前年二五・一％）となった。また高齢者人口のうち、前期高齢者（六五〜七四歳）人口は一七〇八万人（男性八一〇万人、女性八九八万人、性比九〇・二）、後期高齢者（七五歳以上）人口は一五九二万人（男性六一二万人、女性九七九万人、性比六二・五）となっている［15］（表①）。

今後、高齢者人口は二〇二〇年まで急速に増加し、その後はおおむね安定的に推移すると見込まれている。一方で、総人口は二〇〇五年にピークを迎えた後徐々に減少しているため、高齢化率は上昇を続け、二〇一五年には高齢化率が二六・〇％、二〇五〇年には三五・七％に達し、国民の約三人に一人が六五歳以上の高齢者という極めて高齢化の進んだ社会の到来が予想されている［16］。

また、高齢者人口のうち、前期高齢者人口は二〇一六年をピークにその後は減少に転ずる一方、後期高齢者人口は増加を続け、二〇一八年には前期高齢者人口を上回るものと見込まれており、増加する高齢者数のなかで後期高齢者の占める割合は一層大きくなると考えられている。

近年の急速な高齢化のなかで、老いは社会で対応されるべき問題として浮上し、一九六三年の「老人福祉法」以降、高齢者福祉のための様々な制度が提示されている。この制度の展開を佐々木寿美による整理［佐々木 二〇〇五］にしたがい、三つの時期にわけて確認する。

①第一期

第一期は、一九六三年の本格的な高齢者福祉政策の開始から一九八九年にゴールドプランが策定されるまでの二六年間である。

戦後の社会福祉制度は、戦争によってうまれた大勢の貧困者への対策を軸として展開された。この基盤となったのが生活保護法、児童福祉法、身体障害者福祉法の三法であり、この体制は「福祉三法体制」と呼ばれる。

一九五〇年代に高度経済成長期を迎えた日本は、「もはや戦後ではない」という言葉とともに「戦後」という意識を取り払い、福祉の焦点を社会にとってより一般的な「弱者」へと拡大する。こうした背景のなか、福祉三法に精神薄弱者福祉法、老人福祉法、母子福祉法が加えられ、福祉六法体制が成立した［黒岩 二〇〇一：二一九］。老人福祉法はそれまで一定の指標がなかった「老人」について、法制度の対象として六五歳以上という基準を設定したという点で、老年者に関する行政の取り組みの起点ととらえることができる。とはいえ、この時期の社会保障はいまだ救貧的な要素が強いものであった。

一九六〇年代後半になると、高齢者対策の一本化が図られる。一九七三年には福祉に関する予算編成が行われ、老人医療費支給制度の創設による七〇歳以上の高齢者の医療費の自己負担無料化をはじめとして、医療保険制度、年金保険制度での大幅な制度拡充と、年金や施設を中心とした福祉制度の基盤整備が進められた。この年は「福祉元年」と呼ばれ〔河畠 二〇〇一：三五―三六〕、これ以降の社会福祉制度は、高度経済成長を背景として拡大していく。

高度経済成長が終焉を迎える時期、行政は石油ショックに代表される経済変化への対応、また人口高齢化の進展による高齢化社会の到来への対応を迫られることとなった。経済成長の伸びが鈍化し安定成長に移行したことによって、老人医療費の負担のあり方や年金制度の安定的運営の方策という予算面での大きな課題に直面した社会保障制度は、財政の悪化とその再建のための緊縮財政への移行という国の財政状況の変化に対応し、さらには将来の高齢化社会に適合するように、全面的に見直されることになる〔厚生省 一九九九〕。

②第二期

高齢者福祉政策の展開の第二期は、一九八九年の「高齢者保健福祉推進一〇か年戦略（ゴールドプラン）」制定からの一〇年余である。ゴールドプランは、二一世紀の本格的な高齢化社会の到来を見据え、「明るい活力ある長寿・福祉社会」を目標に定め各種の施設サービスの整備を図ろうとする計画である。ここでは高齢者福祉が国の重要施策と明示され、その趣旨において「高齢者の保健福祉の分野における公共サービスの基盤整備を進めることとし、在宅福祉、施設福祉等の事業について、今世紀中に実現を図るべき一〇か年の目標を掲げ、これらの事業の強力な推進を図る事とする」と述べられている。ゴールドプランは在宅福祉を基調として地域における総合的な福祉の推進を図るという、ノーマライゼーション〔17〕の理念にもとづく福祉を目標に設定した施策である。

こうした国の基準の下、地方自治体が独自の計画「高齢者保健福祉計画」を策定するという形で福祉事業の推進体制がととのえられていく。在宅サービス重視、市町村における在宅福祉対策の緊急実施、施設の緊急整備が計画され、特別養護老人ホーム、デイサービス・ショートステイなどの施設の緊急整備、ホームヘルパーの養成などによる在宅福祉の推進が主柱として掲げられた。

一九九〇年に公布された「老人福祉法等の一部を改正する法律」[18]は、高齢者福祉サービス提供の具体的な目標値を設定している。この改正は、前述のような社会状況の結果、一九四五年頃に構築された社会福祉事業の枠組みや事業経営の原則を修正する必要性が生じたことにともない、ゴールドプランと連携し「人生八〇年の長寿の時代」において「増大する高齢者の介護需要等に適切に対応できる総合的な要介護老人対策を早急に確立するとともに、地域の中での高齢者の健康と生きがい作りを積極的に推進する」ことを老人福祉の重要な課題として行われた［森山 一九九一］。ここで想定された「老人問題」の背景は①人口高齢化、②要介護老人の増加、③家庭環境の変化、の三点に集約できる。したがって、老人福祉に関する現状を把握するにあたり、①人口構成、②高齢者の居る世帯の状況、③寝たきり、痴呆等の要介護老人の人数、障害の程度、介護の実態、④住居の状況、⑤高齢者の受診状況・疾病構造、⑥就業構造等、の六点をとおした高齢者福祉の現状把握が進められた［江口 一九九二］。また、法律にその必要性を明示化することにより、長期的な福祉改革における資金を予算補助から法律補助へと変化させた。

老人福祉法の改正を受け一九九五年に制定された「高齢社会対策基本法」は、高齢化の進展速度に比べて国民の意識や社会のシステムの対応が遅れているという問題意識にもとづき、「国民が生涯にわたって就業その他の多様な社会的活動に参加する機会が確保される」、「国民が生涯にわたって社会を構成する重要な一員として尊重され、地域社会が自立と連帯の精神に立脚して形成される」社会の構築を目的としている。さらに、国および地方公共団体だけでなく、企業、地域社会、家庭および個人レベルにおいての新しい社会システムの構築が目標として掲げられた。この基本法の制定によって高齢社会対策の方向性が明確にされ、対策を推進していく仕組みが強化された。また、具体的な高齢社会対策については、大綱の策定と国会への年次報告書の義務付けがなされるようになった［田中　一九九六］。

さらに一九九四年、計画の見直しが行われ、一九九九年までの各種サービスの新たな整備目標として新ゴールドプラン［19］が発表された。

③第三期

第三期は、二〇〇〇年四月の介護保険制度［20］導入以降である。

一九九七年の介護保険法制定により介護保険制度が開始され、これまでの各種老人福祉サービスと老人医療サービスとを合併する全面的な再編成が行われた。介護保険制度は、市町村を保険者として設定することで地方自治体を政策の主体とし、また、法人など多様なサービス供給主体の参入によるサービスの質的向上を図る等の観点から、それまでの国の画一的な基準による体制から地方分権への移行がすすめられた［河畠　二〇〇一：一三五―一三六］。サービスの多様化は、それまでただ国の施策を受けるのみであった利用者の選択肢を増加させた。ここに「権利としての福祉」［佐々木　二〇〇五：一二］という福祉観が誕生したということができる。

老人福祉法制定以降、高齢者福祉政策の展開にはふたつの流れを見出すことができる。ひとつは「救貧政策としての福祉」から「国の重要施策」へ、そして「積極的な権利としての福祉」へ、という福祉の考え方の変化であり、もうひとつは国から市町村への地方分権化という政策構造の変化である［佐々木　二〇〇五：七―一三］。

意味づけられる「高齢者」

このような政策展開のなかで、老年者には新しい意味付けがなされていく。これを順を追って確認しよう。戦前の日本社会で行なわれていた隠居制度は旧民法（一八八〇年公布）の廃止と、新民法の成立、そして定年制の実施によって消滅した。戸主権が廃止され、長男による老親扶養は法的に保護されなくなった一方で、資本主義の発展により経済社会における労働が不可能となった「老人」は子に養われざるを得なくなった。しかし経済成長は核家族化を助長し、その結果経済的補助のみで老人の身の回りの世話をしない家庭を増加させることとなる。また、平均寿命の伸長など社会高齢化の兆しがみえ始めた。さらに老人福祉法が成立したことで、福祉を受ける側としての「老人＝社会的弱者」という認識が共有されることとなった。現在の形での高齢者問題が顕在化してくるのはこの頃からである。

新民法以来、老親扶養の義務は経済的側面に限られていたが、老親の扶養に関する家族内の価値観の違いは比較的少なかったため、それまで老人・高齢者が「社会問題」として扱われることはなかった。しかし高度経済成長は工業の発展による業績原理の浸透と、生産に必要な知識の変化を引き起こし、老人の社会的経済的役割を剥奪した。このことについて、藤崎宏子［一九九九］は次のように整理している。

前近代から近代への移行にともなう封建的身分制の廃止や産業資本主義の成立は、「業績原理」にもとづく社会的地位編成をうながした。明治期における「立身出世」の理念がもたらした社会的帰結に象徴されるように、「業績原理」が支配的となったことによって急速な近代化・産業化がなしとげられたともいえ、「近代化」と「業績原理」の優位は相互規定的な関係を見出すことができる。しかし、この「業績原理」は、すべての個人の社会的位置づけに等しく作用するものとはいえない。というのは、「業績」により公正に評価されこれに見合った報償が与えられる対象は、「市民」や「個人」という普遍的・一般的な表現がとられてはいるが、実際には近代産業社会における自立した「一人前の労働力」とみなされる人々に限られていたのである。これを基にして老年者の社会的位置づけを考えると、「高齢者」はすでに労働の場・生産の場から引退し、社会的に評価されるような「業績」を生み出すことのできない人々である。加えて彼らは、長寿化にともない深刻化してきた扶養や介護ニーズの主体であるがゆえに、ときとして社会の「お荷物」ともみなされる。そのため業績原理にもとづく高齢者の社会的地位は低くなると考えられるのである［藤崎 一九九九］。

「社会的に保障されるべき老人」についての問題は高度経済成長と共に具体性を帯びていく。その背景には経済成長に加えて、平均寿命の伸長によるライフサイクルの変化の影響もあった。このころには核家族で生まれ育ち、老親扶養を称揚する教育がなされていない世代が増加していたこともあって、養護老人ホーム、特別養護老人ホーム、経費老人ホームの三種の養老施設の設置が進められるようになった。

新民法による家族機能の変化、経済発展とそれによる人口移動、老人福祉法の制定は、老年者の経済扶養・介護扶養の社会化をひきおこした。加えて森幹朗は、六五歳以上を保障の対象とする設定が、社会の実体としての老人・高齢者を誕生させたことを指摘している。たとえば、一九七〇年代後半以降、人口高齢化への世間の関心が高まると、もともと人口学者の間で使われていた「高齢化」という用語がマスコミなどを介して浸透した［森 一九七八］。さらにこの頃、社会福祉協議会が「家庭内寝たきり老人実態調査」（一九六八年）、「一人ぐらし老人実態調査」（一九七〇年）を実施している。この「寝たきり老人」「一人暮らし老人」という語のインパクトは大きく、それをマスコミがとりあげたことによって広く社会の関心を集めるに至った。そうして老年者に対する社会的扶養の必要性が強調され、行政もこれに応える形で政策を展開していくのである［黒岩 二〇〇一：二二四―

二二五]。

また、第一章でみたように、「高齢社会化という社会変動要因への綜合的な政策対応という研究の志向性」[足立・小川 二〇〇一：一〇]もこうした「老人問題」発生の背景に存在した。人口高齢化の急速な進行を受け、一九八〇年代後半から展開された高齢者問題論、社会問題としての老人問題論、老後問題論、また家族社会学や都市社会学、コミュニティ論、地域福祉論、社会病理学分野での高齢者研究などの展開が老人の援助論的視点を強化したことは否めない[21][辻 二〇〇〇：一三]。

こうした過程を経て、老年者には福祉の対象＝社会的弱者という意味合いが付与されてきた。「高齢者」という政治的カテゴリーは、老年者を社会高齢化の当事者であり「社会的弱者」という福祉の対象として客体化しているのである。

さらに、「老人」「高齢者」という表象は、老年者が日々政策に包摂された世界で生活することによって浸透していく。こうした過程の中では、老年者は高齢者福祉制度の当事者でありかつ当事者でありえない――すなわち、高齢化の当事者でありながら政策の当事者でない――状況にあるといえる。

沖縄の福祉制度の展開

沖縄に視点を戻そう。第二次大戦終結後、沖縄での近代的社会福祉の成立は、日本本土の当時の現行法に準拠した「生活保護法」(一九五三年)の成立に拠るものが大きい。しかし当時沖縄は米軍統治下にあり、高齢者以外の社会的困窮者を対象としたこの法は、本土の老人福祉に関する現行法の水準とは異なっていた。一九六六年には「老人福祉法」が制定されるが、それでも各種機関や施設の整備は不十分であり、また職員の不足などのために事業費の中心は募金や寄付に依拠する状態であった。このように沖縄の高齢者福祉は日本より大幅に遅れたスタートを切っている［我喜屋　一九九六：二五四］。

一九七二年、沖縄の日本本土復帰にあたって「沖縄振興開発計画」が制定された。これは一〇か年を期間として、本土との格差解消という方針のもとに実施されたものである。琉球政府厚生局が提出した「沖縄と本土の制度、事業規模、内容等の相違および格差に関する書類」（一九六七年）によれば、沖縄の日本本土復帰以前の高齢者福祉の概要は以下のとおりである。

当時の高齢者福祉は大きくふたつの分野に分けられている。ひとつは年金などの所得保障的なもの、もうひとつは狭義の社会福祉あるいは社会的サービスなどに充当するものである。これらについて本書類では、老人福祉法の実施にともない福祉サービス的な分野に対して、琉球政府および市町村が高齢者の特殊性に応じた施策を積極的に推進するための原則を設定している。また琉球政府厚生局では、老人の福祉増進を積極的に推進するため、老人福祉施設の拡充強化および各団体の補助を「本土並みに拡大する」ことを目標として掲げている［琉球政府厚生局　一九六七］。

しかしながら、一九七二年の日本本土復帰以後も、ドル通貨価値の大幅下落や石油ショックなどによって沖縄県の財政は混乱の最中にあり、「沖縄振興開発計画」にもとづく高齢者福祉も同様の問題を抱えていた［我喜屋　一九九六：二七二―二八二］。この解決にあたり、一九八二年に「第二次沖縄振興開発計画」が策定される。ここでは対象者のニーズに応じたサービスの整備と民間福祉活動の促進が掲げられた。一方で、一九七〇年代の沖縄県内の高齢者人口は本土復帰を挟んで増加の一途にあり、さらに寝たきりあるいは独居高齢者の割合の増加も問題となっていた。このことは当時の沖縄県の高齢者福祉政策が抱える問題のひとつであった。在宅要介護高齢者の対策として、行政は家庭奉仕員の増員を実施した。また高齢者の社会参加対策として老人クラブ運営費補助（一九六八年）、老人就労斡旋事業（一九七二年）、老人スポーツ普及事業（一九七三年）が実施された。これらが現在の生きがい推進事業の基盤となっている［我喜屋 一九九六：三一五―三一九］ことは注目に値する。一九八〇年には現在の高齢者福祉の根幹となるデイサービス事業、在宅高齢者の機能回復訓練事業の強化が進められることとなった。

沖縄の高齢者福祉は戦後の混迷状態にあった第一期（一九四五～一九五一年）、各種制度が発足した第二期（一九五二～一九七一年）、そして日本本土復帰以後、集中的な各法制定と本土の諸法の導入による制度の拡充と整備が行われた第三期（一九六二～一九七二年）に分けられる［我喜屋 一九七二］。さらに、以降の高齢者福祉政策の動向をみるに、「第二次沖縄振興開発計画」による近年の高齢者福祉の基盤整備と国家による高齢者福祉政策とのすりあわせが進められた第四期（一九七三年～）を加えてよいだろう。こうした段階を経て、沖縄においても、老年者の増加は社会で対応すべき問題であるという認識が広く浸透していくのである。

四　小結

本章では、沖縄社会のなかで老いがどうとらえられ、老年者がどのように社会内に位置づけられてきたのかを確認した。親族や村落共同体などの社会組織は、政治や経済の単位としての機能をもつだけでなく、宗教的価値観を介して相互に連関していた。老年者はその原理上の立場や宗教実践の場面で役割を担うことによって、社会全体の位置づけられてきた。

一方で、人口高齢化にともない展開された近代福祉制度は、「社会的に保障されるべき高齢者」という認識に具体性を帯びさせた。その保障のあり方は、従来の沖縄社会でみられた老年者の立場や彼らに対するセーフティネットワークの機能を日本社会が制定する福祉理念のもとに回収するものであった。このふたつの「老い」が、現在の沖縄社会における老年者の状況を位置づけていると考えられる。

以降では、本章で検討したふたつの老いの様相のうち、従来の沖縄社会のものとして説明した老いを、便宜的に「沖縄的老い」と記述していく。

［1］この時期の沖縄における長寿言説の政治的な側面は、一九九五年に起きた米軍兵士婦女暴行事件などのマイナスイメージをはらむ政治的状況とも関連付けられるかもしれない。多田治は、基地の島であり常に政治的緊張状態にある沖縄において、長寿や癒しといったイメージが沖縄ブームとツーリズムの隆盛に果たした役割を、知の作用と政治的側面から分析している［多田 二〇〇八：一五五］

［2］ところが、厚生労働省が二〇〇〇年に発表した都道府県別生命表では沖縄県の男性の平均寿命順位は二六位に急落した。「二六ショック」と呼ばれるこの事態は、心疾患や自殺の増加などによる中年層の平均寿命が低下したことが大きな要因であるとされる。女性は相変わらず一位であるものの、「沖縄の健康長寿」はにわかに危機感を帯び、警鐘を鳴らす研究者も増えている。

［3］親族関係・門中関係は沖縄の村落社会の同質性・同調性の根拠でもある［比嘉 一九六五、渡邊 一九八五］。

［4］村武精一は門中の性質を基本的に祖先祭祀によって形成され存続するものと説明している。

［5］この理由として地割制にもとづく土地共有があげられる［比嘉 一九八三：五六］。そのため近世以前の沖縄社会では本・分家関係はとくに優先されなかったと中根は指摘している［中根 一九七三：二九五］。

［6］門中制度の起源について、比嘉春潮は血縁団をもって部落を構成していた士族制度の遺制と推測したが、湧上元雄は門中

は日本由来で近世に発生したものであるとしている［比嘉 一九五九、湧上 二〇〇〇：五三〇―五三二］。また比嘉政夫は、門中制度は琉球王府期の官職・身分制度の確立に伴って近世琉球の氏族層に形成されてきたものであり、沖縄の伝統的親族制度と考えることはできないとしている［比嘉 一九八六］。さらに中根千枝はハロウジ、ヒキの概念を沖縄社会の門中の構造研究に発展させ、門中は原則として父系出自集団の構造をもつ個人を単位とした親族関係ネットワークであるとする［中根 一九六二］。

［7］十数か村を一間切とする近代以前の行政区分である。廃藩置県および「間切村歳入出予算協議会」の設置（一八八八年）により、王府期以来の村の自治的機能は解体された［平良 二〇一一：一〇四―一〇八］。

［8］元は「宿る」の意味とされる。多くは「系もち」とよばれる琉球の士族で、農業村落に寄留定着した人々のことを指す。すでに形成された村落の内部ではなく周辺に住居を構えることが多かった。居住人あるいは寄留民と呼ばれ、もともと居住していた村落の住人とは区別された［田里 一九七七］。

［9］金銭摸合は目的や行われる業者によって組摸合、人足摸合、大工摸合などと命名された、冠婚葬祭などまとまった金銭の支払いが必要な機会のための掛け金・送り金（支払い金）という再分配システムをとおした、一方的でない公益扶助システムといえる［那覇市企画部市史編集室 一九七九：三一五―三二一、恩田 二〇〇六］。摸合は友人・知人の苦境にあたっての経済的手助けだけでなく、親睦的な意味合いももつ。とくに移民・移住者が移住先での不安定な生活状況にあたって同郷者同士で摸合を実施し、金策にあてることはよくあった。

［10］ノロは王府から任命されるという性質上、一人で二〜三の村落共同体の祭祀を管轄することも多々あった。

［11］オナリ神信仰は奄美諸島から宮古、八重山地方まで存在するとされるが、馬淵東一によれば宮古地域で「おなり神」を指すプナルガンという語はほかの地域とは異なり、霊力は弱く、また内容も呪詛的な意味を含むという［比嘉 二〇一〇：四七］。

［12］家族における祖先祭祀では、個人の死後一年忌、三年忌、七年忌、十三年忌、二十一年忌を行い、三十三年忌を迎えると弔いあげを行う。三十三年忌を迎えた祖霊は個人としての性格を失い、同じ家族・門中に属する他の祖霊と同じように扱われ、祭祀の対象となる。

［13］老年者が祭祀についての実際の知識を保持し、また儀礼執行に当たる役割を担う事例として、三重県鳥羽市上島の八代神社の祭祀をつとめる宮持と葬式にあたり装具の整備や太鼓打ちをする隠居衆、奈良県奈良市奈良坂の社守の役割を果たす老中、奈良市大柳生の神の守役を任される当屋（長老）があげられる。これらの祭祀・神事に携わる役割責任は、老年者の自己に良い認識を与えると関沢は指摘している［関沢 二〇〇二：五七―九六］。

［14］ノロを中心とする集団を補助する者として、カミンチュではない老年の女性がしたがう場合もあったという報告もある［リーブラ 一九七四（一九六六）：一八五］。とはいうものの、この女性は儀礼には関与せず、あくまで観覧者の立場であったという。

［15］老年医学にもとづき、六五～七四歳が前期高齢者、七五歳以上が後期高齢者として区分されている。

［16］厚生省による高齢化率の将来設計は一九七〇年代以降、毎回大きく訂正を迫られる事態にある。この連続的な予測のずれには、河畠によればふたつの要因があるという。それは第一には出生率の急激な低下に対する想像力の欠如、第二には高齢化率進行を高めに予想すると高齢化対策のスピードアップ化が求められるため、これを避ける政策的圧力が働いていることである［河畠 二〇〇一：九八―九九］。

［17］高齢者や障害者などを施設に隔離せず、健常者と一緒に助け合いながら暮らしていくのが正常な社会のあり方だとする考え方である。

［18］それまでに施行されていたのは、「老人福祉法」「老人保健法」「身体障害者福祉法」「精神薄弱者福祉法」「児童福祉法」「母子および寡婦福祉法」「社会福祉事業法」「社会福祉・医療事業団法」の福祉関係八法にまたがるものであった。この中で「老人福祉法」が最も代表的であり、かつ、内容的にもウエイトが重いということでこの名称になった［江口 一九九一］。

［19］高齢者保健福祉推進一〇か年戦略を全面的に見直し、高齢者介護対策の更なる充実を図ることを目的に制定された。見直しにあたって、高齢者介護対策の緊急性に対応し、地域のニーズをふまえて当面緊急に行うべき各種高齢者介護サービス基盤の整備目標の引き上げが行われた。また今後取り組むべき高齢者介護サービス基盤の整備に関する施策の基本的枠組みを新たに策定し、具体的施策の実施が図られた。

[20] 当時の日本における「介護」は、北欧諸国を中心としたいわゆる「福祉先進国」に比べ、その社会化はまだほとんど取り組まれていない状況であった。公的介護の推進について江口隆裕は「介護が社会化されている社会とそうでない社会とでは、その背景となっている社会的諸条件が必ずしも同一ではないため、ある施策が社会に与える影響やその位置づけも異なってくる」[江口 一九九一：二五九]と述べている。

[21] 猪瀬浩平は普通学級就学運動における「障害」をめぐる実践についての研究で、「障害」の社会構築について「近代の産業形態や、医療・教育制度のフィルターを通る中で、本来、文脈に応じて多様に変化する社会的役割は無視され、『障害者』という固定的カテゴリーを付与される」[猪瀬 二〇〇五]とする社会構築論について触れている。また柄谷行人は文学批評から「児童」「成熟」という問題についてその歴史性を指摘し、そこに関係する制度が目的とするもの、意図するもの、「すなわち制度の内容ではなく、制度それ自体が『意味するもの』としてあるということ」[柄谷 一九八八：一八一]をとらえようとする。柄谷は、近代日本の「義務教育」が、それまでの生産・階級・共同体の中に具体的に所属していた子どもを「年齢」という基準によって抽象的・均質的なものとして引き抜くはたらきをしたと述べる。このような議論は老年者にとってもそのまま当てはめることができる。「高齢者」のカテゴリー化は、政策に対する要求の高まりとそれに応える行政の作用によって促されてきたのである。

第三章　辻という地域——その背景

那覇市は沖縄本島南部に位置する県庁所在都市であり、行政に加え観光面でも沖縄県の要となる地域である。また一概に那覇市といっても、琉球処分以前からの政治拠点であり、それに付随する士族階級居住地であった首里地域、港を中心として商農業が営まれた真和志・小禄地域、明時代の中国人移住者によって形成された久米地域、琉球時代よりの遊郭街として発展した辻地域など、多様な属性をもつ地域が混在している。

第三章と第四章では、調査の中心となる辻地域について、これまで沖縄研究が調査対象としてきたような地域とは明らかに異なる特徴に焦点を当てて説明する。その特徴とは、第一に遊郭としての発展と衰退、第二に土地とつながりのない共同体であること、第三に地域の高齢化と相関するさらなる変容、である。これら三点の特徴は、ともに歴史的背景を追うことによってその要因が明らかとなる。第三章では、現在の辻地域の特性の大前提である遊郭としての成立と第二次大戦による壊滅、そして移住者による「再興」の経緯までをみていく。

一　辻遊郭

現在の那覇市は首里地区・真和志地区・小禄地区・那覇地区の四区画に区分されており、辻地域はこのうち那覇地区に属する。那覇地区に人が集まるようになったのは、琉球王府時代に首里地区と那覇地区を結ぶ長虹堤《ちょうこうてい》が建設されたことをきっかけとしている。一七三三年頃からは埋め立てによる整備が行われ、もともと自然の海岸線から離れた島のような地形を呈していた那覇地区は、中国を中心とする諸外国との交易の拠点としての役割を担うようになっていく。時期を前後して、港に隣接して主に冊封使あるいは上階級の武士を相手とする公的遊郭が設置されたのである［那覇市企画部市史編集室 一九七九・一九八五：四一七―四二二、加藤 二〇一一］。

辻に遊郭が配置された理由の第一は対外交易の要所に位置していたことであるが、それ以前から辻周辺には男性客をとるジュリ［1］と呼ばれる女性が集まり、「当時冊封使の宿館たる天使館［2］付近および市内各所に魔窟があって風紀上面白からず」［島袋 一九六五］という状況があった。一六六三（寛文三）年に来琉した冊封使である張学礼も「尾類（ジュリ）を称する者がたくさんいて、滞在中の品仁を誘惑して困るから、久米島の総役にこれを駆逐するよう命じた」という私録を残している［真玉 一九七六］。こうした状況を琉球王府は問題視し、一六六四年に人工的にジュリを集めた集落を形成させる［3］。さらに一六六二年、薩摩侵攻以後の混乱に対して人心の刷新による琉球全域の立て直しをはかっていた政治家羽地朝秀（尚象賢）が辻・仲島・渡地《わたんじ》を遊郭として制定した。公的遊郭の設置は一般家庭との隔離を含む風紀管理とジュリの統制の意味も含んでおり、これに至るには江戸幕府の方策を参考にしたと考えられている［4］［那覇市企画部市史編集室 一九七九：一四三―一四四］。また、こ

1667（康熙6）年頃	農民に対する傾城慰みを禁じる
1672（康熙11）年	辻・仲島の創建
1673（康熙12）年頃	士族・農民の遊女囲いを禁じる
1746（乾隆11）年	士族の娘の遊女売りを禁じる
1750（乾隆15）年	政治家蔡温が辻遊郭の外交的機能に言及
1756（乾隆21）年	中国人の宿に遊女以外の女の出入りを禁じる
1866（同治5）年	尚泰王の冊封に伴いしばらくの間遊郭から遊女を退去させる
1876（光緒2）年	那覇の娼妓数は1700〜1800人
1879（明治12）年	琉球処分により辻・仲島・渡地が日本政府公認の遊郭となる
1881（明治14）年	「貸座敷取締規則」制定
1888（明治21）年	「芸妓酌婦取締規則」制定
1900（明治33）年	性病検査のための病院（ケンサヤー）が若狭に開業、「娼妓取締規則」発令
1901（明治34）年	辻で大火、妓楼16軒が消失
1903（明治36）年	第5回内国勧業博覧会の人類館で「琉球婦人」として辻の女性が展示される
1907（明治40）年	那覇区が貸座敷税を導入
1908（明治41）年	仲島・渡地が辻に統合、県会が娼妓の外出を禁止、貸座敷税の負担などで廃業者が続出
1909（明治42）年	ジュリ馬の開催時刻が夜中〜夜明けから夜明けに変更、県が「貸座敷及娼妓賦金徴収規定」を制定（辻遊郭は那覇区と県にそれぞれ納税する義務を負う）
1910（明治43）年	「貸座敷取締規則」「芸妓酌婦取締規則」改正
1912（明治45）年	県会が娼妓税を減税（酌婦税と芸妓税は変わらず）
1916（大正5）年頃	ジュリ馬の開催時刻が正午に変更
1919（大正8）年	大火により遊郭の大半が焼失、日本風の二階建て建築で再建
1920（大正9）年	「貸座敷取締規制」に伴い貸座敷組合が結成
1928（昭和3）年	婦人解放大会で辻廃止論が出される、「芸妓酌婦並芸妓置屋営業取締規則」制定
1933（昭和8）年	「児童虐待防止法」公布
1936（昭和11）年	遊郭への女児売買が増加
1937（昭和12）年	辻遊郭の女性たちが国防婦人会を結成（遊女による国防婦人会組織は全国初）
1938（昭和13）年	廃娼運動の高まり、遊郭への女児売買についての制度改革が始まる
1942（昭和17）年	那覇署による辻遊郭はじめ市内遊興街の一斉臨検
1944（昭和19）年	10.10空襲により辻遊郭が焼失
1953（昭和28）年	18年ぶりにジュリ馬が開催される

表②　「辻」関連年表（[那覇市市民文化部博物館 2012]より作成）

図② 辻・若狭地域地図

のとき辻遊郭の開祖となったのが琉球王府の王女（ウミナイビ）であったとする説［5］があり、遊郭内の祭祀も彼女の墓とされる松の下拝所を中心に形成されている［那覇市企画部市史編集室 一九七九］。現在松の下拝所内にある四つの墓は、辻遊郭を興したウミナイビ三人とウミナイビの身の回りの世話をする者の墓と考えられている［6］。

沖縄県設置以後、仲島・渡地遊郭との統合（一九〇八年）を経て、辻遊郭は沖縄唯一かつ多くのジュリをかかえる地域として発展していく。最盛期であった大正、昭和初期には、性病を主としてジュリの健康管理を担っていた若狭地域の病院（ケンサヤー）の検査を受けているジュリが一〇〇〇人、そうでないものがその倍ほどいたといわれ、その規模をうかがい知ることができる。

男性が欠如した辻社会

右述のとおり、辻遊郭は人工的に形成された共同体であった。その最大の特徴は父系血縁集団の欠如である。

写真①　現在の松の下拝所（以下、特記しない限り写真は筆者撮影）

写真②　松の下拝所内の墓

辻のジュリの多くは、四～五歳から一〇歳前後に沖縄全域から金と引き換えに連れてこられた一般家庭の出身であった［7］［那覇市企画部市史編集室 一九七九：一三九］。チージウイ（辻売り）あるいはコーイングヮ（買われた子）などと呼ばれた彼女たちは幼くして遊郭の慣習や技芸を仕込まれ、初潮を迎えると、抱え親からのドゥシル（前借金）によって衣装や調度品などを整え、客を迎えた。収入が安定するとジュリ同士で摸合を始め、まとまった金額を得てドゥシルを返済した。自らを抱え親から買い戻した後も郷里に戻ることはほとんどなく、余剰の貯蓄から若い女性を借り入れ、新たに抱え親となり店を構えることがよくみられた［8］。

遊郭内で生まれたジュリの子どもについては、父親には養育の責任は特にないとされた。たとえば出産祝いの費用は送っても、その子の祝いの席に出席する必要はない、という具合である。生まれたのが女児の場合、遊郭内でジュリである母親と生活を共にし、その跡継ぎとする例が多くみられた。一方男児は一二、三歳ごろまで母親のもとで養育した後、ジュリの故郷の実家に預けられる、あるいは父親が本妻との間に男子がない場合、とくに父親が士族であった場合には父親が引き取って育てたり、籍に入れなくても家に出入りさせて位牌を拝ませることが多かった［那覇市企画部市史編集室 一九七九：一三九、日本弁護士連合会 一九七四、太田・佐久田 一九八四、那覇市総務部女性室女性史編纂委員会 一九九八：三八七］。したがって、辻遊郭内には実際に血縁関係にある親族関係はほとんどみられなかった。かわりに、自身の抱え親をアンマー（母親）と呼び、そこで抱えられているほかのジュリをチョーデー（兄弟）と呼び合う疑似家族関係が形成されていた。

父系血縁が欠如しているために屋敷内には祖先の霊を祀る仏壇はみられなかったが、一般のヤーと同じくヒヌカンの祭祀が行われていた。アンマーは自身が居住する屋敷の台所にヒヌカンを仕立て、商売の成功を祈った。辻遊郭では、一軒の屋敷にそこから独立した何人かのアンマーが同居する形式が一般的であったため、台所には

写真③　ジュリ見習いの子どもを写した土産用絵葉書

アンマーの数だけ香炉があったといわれる［那覇市企画部市史編集室 一九七九：一四一］。さらに、遊郭内での葬儀もほとんどみられなかった［那覇市企画部市史編集室 一九七九］。というのは、ジュリたちが居住する屋敷のほとんどは貸家であり、葬儀を行う余裕のある屋敷をもつのは一部の元老格のアンマーのみであったためである。病に倒れ、回復する見込みのないジュリ、あるいは死亡したジュリは郷土に送られ、そこで葬られた［那覇市企画部市史編集室 一九七九］。故郷に縁故の薄くなった者、肉親と連絡の取れない者、身寄りのない者は、辻遊郭の北部に隣接する辻原の一角に一坪ほどの土地を借りて仮の墓をつくり、そこへ葬る場合もあった［9］［那覇市企画部市史編集室 一九七九：一四一］。

　以上のように、辻遊郭は冠婚葬祭の欠如した社会であり、父系血縁を前提とした位牌や墓を対象とする祭祀は基本的には行われてこなかった。例外的に、辻遊郭の開祖とされるウミナイビらの位牌祭祀および清明祭が行われていたが［那覇市企画部市史編集室 一九七九：一三五］、ウミナイビの位牌は寺院に祀られ、清明祭はウミナイビの墓所とされる松の下拝所で実施されていたことから、これもやはり祖先祭祀というよりは地域単位の祖神に対する祭祀実践という理解のほうが適切であると思われる。

辻の社会組織

続いて、ジュリの生活の基盤となった辻遊郭の社会組織と祭祀実践をみていこう。

辻遊郭はウィンダカリ（上村渠）とメーンダカリ（前村渠）のふたつの地区に区分され、それぞれ独自の自治組織を形成していた。女性役員はムイメー（盛前）と呼ばれ、遊郭内で自身の妓楼を経営しているアンマーのうち、元老格の者（パーパー）の合議によってシーザムイメ（姉盛前）、それを補佐するウットムイメ（妹盛前）、さらにその補佐をつとめるムイメーグァー（盛前小）がそれぞれの地区で選出された。

ムイメーの役割には、遊郭の自治運営や減税などの対外交渉の他に、宗教的意味合いが強くみられた。たとえば両地区でそれぞれ祀られるシシ（獅子）とミルク（弥勒）の祭祀や、後述するハチカショウガツ（二十日正月、廿日正月）で行われる神事とそれに付随する芸能「ジュリ馬」の采配、そこで使用する衣装などの保管である［那覇市企画部市史編集室 一九七九：一三〇］。シシおよびミルクの祭祀は、卓袱台を祭壇としてムイメーの屋敷内でもっとも良い部屋の中央奥にシシ面あるいはミルク面を安置し、両脇に花器、前に香炉、その両脇に茶を供えるという形式をとった。茶と香は毎朝供え、一日と一五日には赤飯のウブク（ご飯）も供えた。この形式は一般家庭における仏壇に対する祭祀と類似しているが、そこでとなえられるグイス（祝詞）の内容は親族や屋敷内に関する祈願ではなく、辻遊郭という地域共同体の息災と繁栄を祈るものであった［那覇市企画部市史編集室 一九七九：一三二］。

　ムイメーは無給であるにもかかわらず、祭祀や行事の経費を負担していた。この点でムイメーは名誉職としての意味合いももっていたといえる［那覇市企画部市史編集室 一九七九］。例えばムイメーの就任儀礼であるチジワタイの儀礼［10］では、ムイメーが料理を提供し、ウクイジン（送り膳）とよばれる手土産も用意した。列席者が距離のある場所に居住する場合はムイメーの負担で人力車を手配し、家に老年者がいるならば手土産も二人分としたという［那覇市企画部市史編集室 一九七九：一三四―一三五］。チジワタイは年長者に対する礼がつくされるとともに、ムイメーの器量が問われる行事であったといえる。こうした負担の大きさゆえに、ムイメーは年配で裕福なアンマーの中から選ばれるように配慮されていた。

写真④　戦前の辻遊郭の街並みを写した絵葉書

　旧暦一月二〇日に催されるハチカショウガツは、辻遊郭を象徴する行事であった。ハチカショウガツでは奉納舞踊であるジュリ馬の舞手とシシやミルクを伴ったカミンチュが辻遊郭内の拝所に参拝し、豊年や商売繁盛などを祈願した［古塚 二〇〇八］。その起源は遊郭に暮らすジュリが普段会うことのできない親に自分の姿を見せるためや客引きのためと推測されているが、近年の研究ではそれらの目的は祭事の副産物としてみなされる傾向にある［塩月 二〇〇〇］。ハチカショウガツ

写真⑤　戦前のジュリ馬行列［那覇市市民文化部博物館 2012］

の歴史的変遷についての記述は次章とし、ここではその概要を説明しておく。

神事に参加するのは遊郭のパーパー、ムイメー、シシとミロクの面をささえる者、そしてジュリ馬を舞う馬小（ウマグヮー）として選ばれた、遊郭内でも美しさを誇るジュリであった。当日は朝早くからパーパーたちがムイメーの屋敷の前に集まり、祈願を行った。そのあと遊郭内の拝所を拝み、午後には二地区でそれぞれ総出の行列が練り歩いた。行列の先頭には「五穀豊穣」「祝豊年」と書かれたのぼりがたち、それにシシとミロク、次いでムイメーが続き、その後に太鼓や囃子方、板でつくられた馬の首を前帯に挟んだ馬小、人力車に乗った「王」が続いた。さらに遊郭の若いジュリが舞いながら続き、両側にアンマーたちがついて歩いた。ふたつの地区の行列は境界の路上で会し、美や技を競い合ったという［古塚 二〇〇八、塩月 二〇〇〇］。

大正期になると県議会や警察署などの遊郭外との関係においてどうしても「男手」が必要とされるようになり、主に事務上の手続きを行う男性を雇うようになる。一九二〇年の「貸座敷取締規則」が制定されると、アンマーを貸座敷業者とし、組合の取締役を業者以外の男性から選ぶという貸座敷組合制度が成立したが［11］［那覇市企画

部市史編集室 一九七九〕、一方で遊郭内の自治・祭祀は引き続き女性によってとりしきられた。しかし一九四四年の十・十空襲〔12〕で焼失し、戦後の米軍による沖縄統治をきっかけとして一九四五年に廃止された〔那覇市企画部市史編集室 一九七九〕。

二 辻の「再興」

特殊飲食街としての「再興」

現在の辻地域は、壊滅した遊郭跡地をもとに湾岸の埋め立てを繰り返して整備された。戦後まもなくは旧那覇市街地は米軍の接収を受けていたため、戦火を逃れたジュリも辻に戻ることはできず、沖縄各地へと移り住み、料亭や飲食店を経営していたという〔加藤 二〇一一〕。同時期、朝鮮戦争特需に沸いた沖縄では、戦災被害による貧困を背景とした街娼の急増と第二次大戦中から多発していた米兵による性犯罪の増加が問題となり、従業員女性の性病検閲をともなう「歓楽街」の設置が検討されていた。一九四九年、米軍長官に就任したシーツは「(イ)米沖親善の為、(ロ)沖縄人に金儲けの機会を与える為、(ハ)米軍人が民間の部落に立ち入ることを防ぐ為、兵達が沖縄産の美術品等を購入出来るところを設ける為」〔加藤 二〇一一：三六―三七〕を目的とし、歓楽街設置を提案する〔13〕〔宮里 一九八六：四七、加藤 二〇一一、那覇市総務部女性室女性史編集委員会 一九九八〕。これをうけ沖縄各地に歓楽街が設置され、風俗営業店のみならず飲食店〔14〕や料亭、ホテルでも売春にかかわる営業が行われることとなった。このような地域全体は「特殊飲食街」と呼称された〔15〕〔加藤 二〇一一〕。

特殊飲食街としての辻は、一九五三年二月の料亭「松乃下」の開業から始まった。創業者である上原栄子は戦

写真⑥⑦　1960年代後半の水上店舗（インフォーマント提供）

前の辻遊郭で育った女性であり、松の下拝所を敷地内に含む松乃下料亭の建設は、米軍による都市計画とそれにともなう市内整備が入る前に拝所周辺の土地を購入することで、以降の開発から辻遊郭の信仰の中心を保存しようとする目的があったという［上原 一九八九、加藤 二〇一一］。これをきっかけとして辻界隈は、朝鮮戦争・ベトナム戦争のために那覇港周辺に逗留していた米軍関係者向けの歓楽街として再出発するのである［高里 二〇〇一］。

辻歓楽街としての復興は、そのきっかけは遊郭にゆかりの深い料亭の開業ではあったものの、戦前の遊郭からの連続的な「再興」ではなかった。その第一の要因は、歓楽街の形成が都市計画上の「特殊商業地区」指定と、一九五二年に制定された「風俗営業取締法」［16］にもとづく地理空間的な「囲い込み」とに業者が応じる形でなされたことである［加藤 二〇一一：一八六―一九二］。戦前は遊郭とは明確な区分があった若狭地域を含めて従業員との売春行為に利用されるホテルが多く建設され、辻と若狭の区分は徐々に失われていった。戦前は農業や漆器生産を主要産業とした若狭地域の海岸には、飲食店やバーが張り出すように設営された。これらは「水上店舗」と呼ばれ、その隆盛は現在もなお住民の語り草となっている。

米軍関係者向けの歓楽街としての辻地域には、米軍によって発行された「Aサイン」認可のもとに営業される店舗が立ち並んだ。Aサインは食品衛生や風紀管理のため、民間の飲食店や風俗営業店などを検査し、基準を満たした業者に与えられる許可証である。認可と取り消しは米軍に一任されていたため、沖縄経営者への経済制裁の手段として利用される面もあったという〔前泊 二〇〇八：七四—七五〕。こうして整えられた町並みは、遊郭のたたずまいを残すというよりは洋風の店舗やホテルが立ち並ぶものであった。一九七〇年頃の辻地域を新聞は「四百年の伝統を誇った〝情緒の町〟辻町も戦後は外人オンリーの町に変わった。当初は金離れのいい外人客が殺到、バー、キャバレー、サロン、クラブ、レストランなど『Aサイン』の店はどこも押すな押すなの盛況だった」(『琉球新報』一九六九年九月一一日)と報じている。

米軍関係者相手の商売によって隆盛した沖縄各地の歓楽街は、一九七二年、日本復帰というターニングポイントを迎える。「Aサイン」から「邦人歓迎」へと経営方針を転換することになったのである。この背景にはベトナム戦争の泥濘化と日米の安保関係に関する政治的思惑もあった。

当時米軍の前線基地であった沖縄は、本土復帰運動が活発化していたものの、アメリカの経済力の庇護を受けていたのも事実であった。しかしながら一九五〇年代末、アメリカの経済的権威に陰りがみえはじめる。ベトナム戦争の軍事的混迷に対する国際非難および米国内での反戦運動は、この状況に拍車をかけた。一方日本国内では、一九六〇年に改定された日米安保条約の一九七〇年の再改定にあたり、安保の根本的見直しや廃棄を要求する声が高まることが予想されていた。このことへの日本側の対応策として提示されたのが、沖縄の日本返還であった。一九六九年、ニクソン米大統領と佐藤栄作首相による首脳会談では、沖縄を一九七二年中に日本に返還するという合意のもと安保の強化改定が行われた。以降、一九七一年のニクソン米大統領の訪中発表、同年のドル防衛非常事態宣言による変動相場制への移行という二重の政治経済的変動(ニクソンショック)のなか、沖縄は著しい経済成長を遂げていた日本への復帰の道を突き進んでいく［新崎 二〇〇五：二一―三二］。

ベトナム戦争の泥濘化は結果として米軍関係者の購買力を低下させ、これも沖縄の本土復帰を後押しすることとなった。一九七五年の沖縄国際海洋博覧会に代表される本土復帰三大事業は、沖縄本島全域のインフラ整備を促し、とりわけ日本人観光客向けの観光業を成長させていく［安里ほか 二〇〇四：三〇一―三一九］。この動向にしたがって、辻地域でも主要客層を邦人にきりかえていく傾向がみられた。

このころの観光産業の一端を担い、とくに本土からの観光客の夜の観光ルートとして組み込まれていたのが売春観光であった［多田 二〇〇八：九一―九二］。しかし一九七二年の本土復帰と同時に、本土基準の売春防止法が適用される。売春防止法はとくに管理下における売春業を禁止するものであったため、辻地域および本島中部のコザ地域の一部では管理売春でないことをアピールするトルコ風呂産業が急成長し、「トルコ風呂・サウナ風呂・モーテル規制外地域」への指定をとおして再度の囲い込みが図られた［17］。風俗産業はこのように日本復帰以降も沖縄への日本人観光客の増加を陰で支えたが、フェミニズムの風潮の高まりもあって、風当たりは厳しくなっていく。

遊郭の壊滅から歓楽街として復興を果たした辻地域であるが、現在は往時の活気はみられず、さびれた様相を呈している。辻地域の商業が衰退した理由の第一はベトナム戦争終結を大きな契機とする米軍関係者の客離れ、第二は本土復帰をきっかけとした売春観光の禁止、第三はバブル経済の崩壊と、二〇〇〇年代初頭からみられる那覇市松山を代表とした新しい形での歓楽街の発展にある。現在の辻地域は、復帰以前にAサインの認可を受けていたことを売りにする飲食店などもあるものの、路地の各所にある風俗店の前に座り客を待つ男性従業員、時折見物のようにやってくる観光客の姿がみかけられる程度の、閑散とした町である。

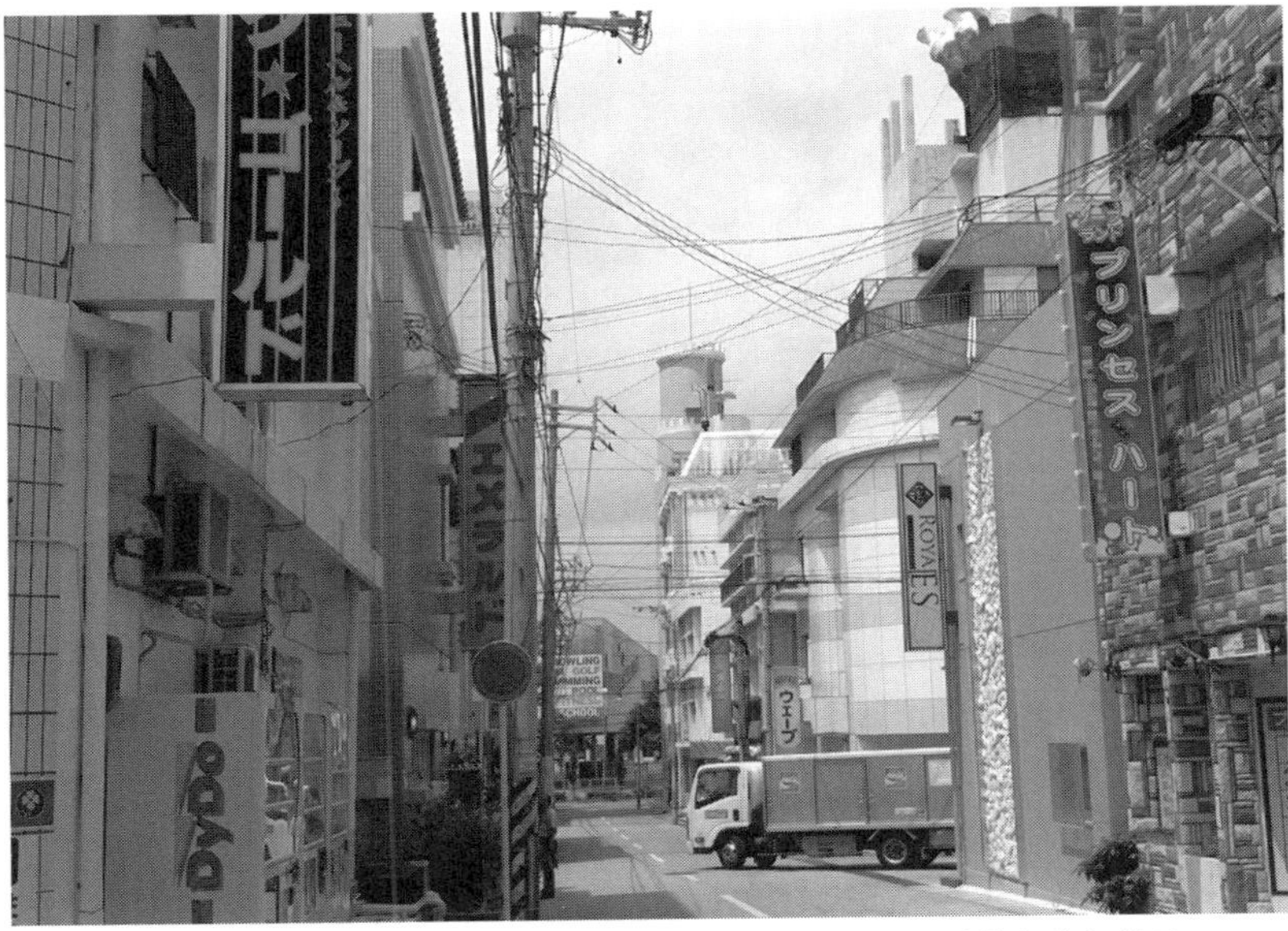

写真⑧⑨　現在の辻地域の景観。裏路地には老朽化した建物が立ち並ぶ

写真⑩⑪　同前

移住者の集住と移住者コミュニティ

社会的属性の戦前との連続性が切断された第二の要因は、他地域出身者の移入である。とくに戦後間もなくから高度経済成長期にかけて、農村部出身者の移住が沖縄内外で広くみられた。辻地域周辺にも宮古島からの出稼ぎ者が多く流入し、彼らが辻の「再興」を担ったのである。

移住者がどのような経緯で辻地域に移入し、そこでどのような生業を営んできたのかを、現在辻地域周辺に居住する他地域出身者の語りから紹介しよう。ここでは辻地域の商業形態の典型であるホテル経営、風俗店経営にあたった移住者（Ｓｔ氏、Ｋｙ氏）と、移住のきっかけとして母村の親族関係を頼った移住者（Ｍｙ氏）の三人を取り上げる［18］。

Ｓｔ氏（七〇代女性）

Ｓｔ氏は宮古［19］出身であり、出身集落では農業を営んでいた。戦前は主食であったイモを生産し、これを食料品や日用品と交換することで生計を立てていたが、戦後になると現金の重要性が増したため、イモではなく換金作物を積極的に生産するようになった。それでも現金収入は十分ではなかった。Ｓｔ氏の夫ＳＧ氏（七〇代）は製糖工場に就職したが、初任給の七五〇セントでは生活には不十分であるために朝晩は畑で働いていたという。

Ｓｔ氏夫婦は一九六四年頃辻地域に移った。当時は宮古から辻・若狭地域に移り住んだ者は多く、若狭地域には貧しい移住者によってスラム街が形成されていたほどだったという。「辻は沖縄の人は少ししかいないはず。遊郭だったから」「その頃（辻で）商売していた人たちは儲かったはず。でも周囲がホテルだったから、（米兵が）靴履きで（家に）上がってきたりして」と当時を振り返る。Ｓｔ氏が那覇に来たのは、すでに那覇に移住していた知人の経済状況を知っていたためである。ＳＧ氏は長男であるため宮古に実家を残し那覇に移ることを反対されたが、夫婦はそれをおして移住資金をためた。移住当初は銀行からの融資の受け方がわからず、仕事を始めるのに苦労したという。「銀行に草履をはいていって、貸してくれと回ったが、貸してくれなかった」。その後、融資を得てホテル・アパート経営を始め、生活を安定させることができた。そのときの援助の恩は忘れられない、と語る。

一九八九年には夫の母を那覇にむかえ、位牌も宮古から移している。しかしＳｔ氏の実家はまだ宮古に残してあり、九八歳（二〇一〇年当時）のＳｔ氏の母が一人で居住している。そのため彼女はよく宮古に出向き、母の生活の手伝いをしている。また毎年宮古の母村で行われる旧一月一六日の祭祀にあたっても帰郷するという。夫の一族の墓も那覇に移す予定であることを考えると、「宮古に戻りたいという気持ちはある」が「戻れないだろう」と思っている。

Ｋｙ氏（七〇代女性）

Ｋｙ氏は八重山地域出身で、那覇に移ったのは二、三歳ごろである。辻地域に移る以前は市内の別地域の繁華街に店を借り、女性を二、三人雇い商売をしていた。店は成功したが、親族による従業員の引き抜きがあり収入が激減したこと、またよくない噂を立てられたことにより、その地域を離れた。

その後貿易関係の仕事をしながら、関西地域を中心に服飾デザインを学び、縫製業を始めた。このころ結婚、子を一人もうけるが四、五年後に離婚する。その後に辻地域の土地を買収し、銀行の融資を受け土地を広げて風俗店を開業した（この店舗は二〇一〇年ごろまであったが、現在は別の風俗店になっている）。当時、辻地域で働く女性は「売春婦」とみなされ、ＰＴＡや地域の婦人部などから否定的な目でみられる傾向にあったという。「（辻地域で働く女性は）体を張って男とやり取りする、とみる人が多かった」。そのため、子育て中であったＫｙ氏は辻地域を離れることも考えたという。それでも店を続けた理由を「外人が面白くて。このあたり一帯はもう、アメリカ兵の来る店だったから」と笑い話として語るが、母子世帯での子どもの養育費のための収入の確保も辻地域で店を続けた理由のひとつになっていたようである。ともあれ新しい店舗では、辻地域に否定的なイメージの少ない若い女性を若狭地域から従業員として雇い、以前の店舗の常連客の支えをうけながら成功を収めたと彼女はいう。

Ｋｙ氏は六二歳ごろ店の経営を退き、旅行などをして老後を楽しんでいる。「水商売はいろんな人とその人に合わせて話すのが楽しかったので、やっていて良かったと思う」。二〇〇九年当時の月収入は六〇万円前後であるが、銀行への返済があるため実収入は三〇万円程度である。

Ｍｙ氏（七〇代女性）

Ｍｙ氏は宮古で生まれ同郷の夫と那覇に移った。那覇移住時、すでに辻近隣に居住する兄弟がおり、彼らを頼っての移住であった。夫の父は宮古で没し、母は九〇歳頃に那覇に呼び寄せたが、一〇年ほど前に亡くなった。宮古では大豆・タバコを中心とした農業を営んでいた。製糖工場の建設にともないサトウキビ生産を始めたが、土地自体が痩せていること、台風のたびに損害を受けること、「都会（那覇）で稼いでいる人がいる」ことから収入の安定を求めて移住することを決意したという。宮古を離れるにあたり、Ｍｙ夫婦は区画整理にともない宅地が売り出されていた、辻地域に隣接する久米地域に土地を購入した。一九六三年ごろ、先に夫が久米に移り、その後Ｍｙ氏が追って移住した。さらに後、Ｍｙ氏の別の兄弟、夫の親・兄弟も那覇に移った。彼らも当初はＭｙ夫婦を頼り、近隣に土地を求めたという。移住後、看板や横断幕、パネルや紙芝居の製造業を営んでいた。当時の辻地域の様子を「アメリカの飲み屋街で、相当活気にあふれて昼からアメリカの人がわいわいしていた」と語る。

Ｍｙ氏の夫が長男であるため、位牌はＭｙ夫婦の家に、墓地は近隣の市の民間霊園に移している。これには、親類が那覇市だけでなく沖縄本島中部へも移住していったことが影響していると思われる。家庭内の祭祀については、たとえば旧盆にあたっては「(夫が)長男だから迎え火や送り火もやっていたけど、今年(二〇〇九年)からは送り火だけ」等、簡素化する傾向にあるようである。また、以前は同郷集団である郷友会の活動に参加していたが今はしていない。とはいうものの、Ｍｙ氏は辻老人憩の家で開かれている宮古の民踊を教える趣味クラブに参加しており、彼女の夫はその理由を「(宮古民踊クラブには)宮古の人が多いから、妻はそれを懐かしがっている」と語る。

子どもは三人おり、未婚の長男と同居している。宮古に帰りたいという気持ちはないという。

辻地域周辺に移住してきた人たちは、いずれも商業地での現金収入を目的として当時需要が高かった米軍関係者向けの飲食・歓楽施設の経営にあたることが多かった。軍による地域の接収・開放という経緯に加えて、戦前の辻には土地を所有しうる父系血縁集団がなかったことも移住者の流入を容易にしたと考えられる。また、彼らの多くは同郷、あるいは親族の出稼ぎの成功を聞き、そのつてをたよって辻地域へ移住している。続いては、この移住を支えた同郷者コミュニティについてみていこう。

郷友会の結成

移住者の定住を助けたのは、移住者が結成するコミュニティである郷友会[20]である。郷友会は、市町村等の行政の末端機構としての役割を担う自治会〔21〕とは異なり、就業などの都合によりその地域に移住し居を構えている人々が、それぞれの母村を単位とし、母村での生活経験を共通のよりどころとして組織した非行政体である。石原正家の定義によれば「ゲゼルシャフトとしての都市社会の中に、ゲマインシャフト、即ち母村での共同体的結合関係をもち込んで、『われらの社会』を築き、政治的、経済的、文化的活動を展開」〔石原 一九八〇〕するコミュニティであり、摸合と共に沖縄社会における相互扶助の基本構造のひとつとされている〔小林・後藤 二〇〇〇〕。母村の人間関係にもとづいた移住先での社会組織の形成、移住者の母村への帰属意識の具体化、同郷というアイデンティティによる移住者同士の結束の強化、母村を離れた人々による母村の民俗の伝承などの機能を有しているとされ、この点で石原は郷友会を沖縄社会の特質のひとつとし、「都市のなかのムラ」として位置づける〔石原 一九八六〕。

那覇市における郷友会は、地方出身者が那覇での生活を始めるにあたってまず所属する共同体であった。沖縄では戦前より南洋を中心として生産労働のため母村を離れ移住するケースが多くみられ、県人会などの移住者コミュニティが形成されていた。第二次大戦後、移住先が那覇市を中心とする沖縄都市部に集中すると、移住地へのソフトランディング機能を担う生活基盤の拠点として郷友会が発足する。吉川博也は「郷友会の発足数と那覇市の社会構造とはよく似た傾向を示しており、これは各地方から那覇への大量労働力移動を契機として組織化されたことを裏付けている」〔22〕〔吉川 一九八九：一一六〕としたうえで、「沖縄の社会は、米軍占領時、日本復帰というようにかなり激しい変化を経験しており、職場にしろ居住地にしろ、外的な条件によって変わらざるを得ないことが多かった。この様な社会において唯一、固定して変わらないのは出身地を同じくする郷友会のメンバーなのである」〔吉川 一九八九：一三三〕と述べ、様々な社会的背景により移住を選択した人々が都市部での新たな生活を営むにあたり、郷友会が精神面の安定の一助を担っていたとしている。

また、郷友会は民俗の伝承機能も有している。ただ、民俗学においては、従来民俗の伝承を行なってきたのは「村落およびその内部に重層的に存在する種々の超世代的な社会組織」である民俗伝承母体［福田 一九八二：六］と定義されるが、郷友会は民俗伝承母体、すなわち「超世代的に一定の領域の土地を占取して存在する」［福田 一九八四：二五九］歴史的な社会集団とはいえない。そのため本書では、母村での経験を都市部でも引き継ぐことによって、都市部に移ってなお伝統文化を維持し続けることのできる「民俗的仕掛け」［前川 二〇〇八］としてとらえている［23］。

辻地域には宮古出身者がとりわけ多く移住したため、辻と隣接する若狭地域を中心に宮古出身者によるコミュニティが形成されている。その中心が宮古郷友会（現沖縄宮古郷友連合会）である。宮古郷友会は那覇市近郊の宮古出身者約八〇世帯を会員とし、郷友会が盛んに発足した戦後期に先駆けて一九三〇年に発足している。当時は親睦と共和を目標として掲げており、宮古出身の旅人や県陸上競技会に派遣された地元選手の世話、さらには行路病人の葬儀などの活動を行っていた［在沖宮古郷友連合会 一九八〇：五〇］。一九四二年、第二次大戦にともなう社会情勢の悪化により活動を一時中止したものの、六年間の空白期間を経て一九四八年再結成される。このころの活動内容は主に住居・生活基盤の資金貸付、就職斡旋などの相互扶助であった。とくに戦後は本土・台湾からの帰郷者や、宮古からの移住者への住居・労働先の斡旋などが役割の多くを占めた［在沖宮古郷友連合会 一九八〇：五二］。一九五一年、宮古の市町村対抗運動会が開催され、これをきっかけとして宮古郷友会は各市町村の郷友会を傘下とした連合会の形をとり「在沖宮古郷友連合会」と改称した。名称の「在沖」は、当時の宮古島からの出稼ぎ者が那覇市移住を一時的なものとして考えていたことに由来する。

沖縄宮古郷友連合会は二〇一〇年時点で一万世帯以上、会員数約一万五〇〇〇人の規模を誇り、母村である宮古の学区を基準とした計一二学区の下部郷友会（伊良部一学区、多良間一学区、城辺一学区、上野と下地を統一した一学区、平良八学区）で構成されている。郷友会成員の移住先での生活が安定するにしたがい、郷友会の活動も母村を同じくする者同士の親睦へと移行しており、下部組織である各学区の郷友会では運動会、バレーボール大会、敬老会などを実施している。母村との交流機会は連合会単位でも設けており、宮古島で開催されるクイチャー大会や宮古祭りにも参加している。主な活動は定期総会、成人式、運動会、敬老会、母村に帰郷しての年間行事への参加あるいは郷友会での年間行事の開催、さらには学事奨励会、各種競技会、ピクニックなどである。文化活動として郷友会誌を出したり、市議会などの各種政治活動に関与することもある［24］。

郷友会は、母村における共通の生活・文化経験を契機としており、故郷を離れた都市部においても労働や日常生活にわたって相互扶助的な人間関係を維持・再生産することで、移住者の不安定な生活を支えてきた組織である［山城 二〇〇二］。しかしながら、移住の最盛期が過ぎ、第一世代の生活が安定し、また彼らが高齢化した現在、郷友会はその役割を終え、衰退の一途をたどっている。この詳細は次章でとりあげることとなる。

三　小結

本章では、辻地域の歴史的背景を説明した。辻地域は、男性の欠如した遊郭として成立し、第二次大戦を経てなお沖縄屈指の歓楽街として周知されている。しかしその社会的属性には、戦前と戦後とで断絶が見られる。空襲での焼失から民間の手による「再興」までには、第二次大戦による空白期が存在し、また歓楽街の形成も必然ではなかったのである。そして辻地域の「再興」をとげたのは、現金収入を求めて戦後に移入してきた他地域出身者であった。

こうした経験を経て、辻地域は現在、移住第一世代の加齢により高齢化し、それと相関して地域の様相も変容を迫られている。次章では、現在の辻地域が呈する状況について、地域の高齢化、共同体の性質と祭祀の実情、住民らの親族関係を取り上げて示していく。

［1］芸奴・芸者・舞妓のような客人をもてなす役目を担う女性は、沖縄では「ジュリ」（遊女という意味をもち、「尾類」とも記される。以降ジュリという表記に統一する）と呼ばれた。伊波普猷は『沖縄女性史』のなかで、浦添王子の妃が葬られた際に墓守に任じられた侍女が、辻近隣に位置していた龍界寺の住職に誘惑され、客をとらされたことがジュリの始まりであると述べている［伊波 二〇〇〇］。

［2］現在の那覇市東町に位置していた。

［3］琉球王府の正史として編纂された『球陽』の一六六四（尚貞王四）年の記述に、「辻・仲島の二邑を創建す」と題し「往昔の時、辻、仲島の地は茫々たる曠野にして稜蔬菜離々蒼々として居民あることなし。この年王命を題請し始めて宅を闢き邑を建て那覇に属せしむ。而して今妓女多くこの地に住みて以て旅客を待つ」［那覇市史編纂委員会 一九六八］とある。

［4］しかしながら効果は少なく、王府はたびたび「遊冶郎取締令」を発することになった。士族に対しては遊女買いを禁止する「傾城証文」を公布し、また妓楼の遊女には外出禁止令を課したが、これらも十分な効力は持たなかったようである［那覇市企画部市史編集室 一九七九：一四三―一四四］。以降も度重なる法令のもと、辻遊郭は常に厳しい取り締まりにさらされた。

［5］昭和中期頃まで辻地域や隣接する若狭地域の神事を担っていたカミンチュは、城から離れて暮らしていた首里の王女（ウミナイビ）が中国から来た男に見染められ、遊郭をおこした、と語っている［那覇市企画部市史編集室 一九七九］。

［6］現在松の下拝所を管理する財団法人の理事長（第四章参照）は、四基すべてをウミナイビの墓と説明する。

［7］士族から辻遊郭に売られる者もあり、一七四六年には士族の娘をジュリとして売ることを禁止する令が出された［那覇市企画部市史編集室 一九七九：一四四］。

［8］抱え親となったジュリは、客を一人の男性に絞り、その客の妾のような立場（チミジュリ）となるのが一般的であった［那覇市企画部市史編集室 一九七九：一四一］。チミジュリとなったジュリは旦那客の他に客を取らないため、その旦那客が資金面の援助、あるいは娘となるジュリを抱えさせるよう手配した。

［9］辻遊郭の北部には海岸線に沿って辻原墓地が設置されていたが、これは琉球王府による拝領墓地であった。王府の高官は国王によって辻原の土地を与えられ、そこに墓地を構えることは大きな名誉であったという。その景観は古写真にも残されているが、十・十空襲によって壊滅後、最近に至るまで海岸の埋め立て工事が行われていたため、現在その名残は見られない。

［10］チジワタイは旧暦一〇月一日に実施された。あらかじめ集落発祥の地とされる拝所への拝みを済ませた新旧のムイメーたちが、シシ・ミルクが安置された大広間の前で、祝いの席で一般的に踊られる「御前風」、豊穣を祝い、また願う「稲しり節」を披露した。

［11］しかし現地での聞き取りでは、この男性はいずれも辻遊郭の何らかの縁者であったという話も聞かれた。

［12］一九四四年一〇月一〇日に、南西諸島に対して米軍の最初の大空襲が行われた。辻遊郭の他に、那覇市では港湾に近い垣花、上之蔵、西新町、西本町、天妃、東町などが爆撃を受け、市の九〇％が焼失した。同日宮古島、石垣島、大東島への空襲もおこなわれた［嘉陽 一九八三］。

［13］米軍基地周辺の歓楽街建設は、とくに本島中部に顕著であった。沖縄市コザを中心に、北谷のキャンプズケラン・キャンプ桑江、金武町のキャンプハンセン、名護市のキャンプシュワーブ、具志川市のキャンプコートニー、勝連町のホワイトビーチなど米軍駐留地区周辺に建設された［加藤 二〇一二］。

［14］飲食を提供する店舗でも、奥座敷などを利用する「ちょんの間」と呼ばれる売春形態をとるものが多くみられた。

［15］戦後の那覇市内では辻地域以外にも米兵を客とする地区が形成されている。例えば市内中心に位置し「奇跡の一マイル」

と呼ばれた国際通りや平和通り周辺に市場が形成・発展すると、それに隣接する桜坂、栄町にバーや料亭、旅館などが建設され、歓楽街として発展した［那覇総務部女性室女性史編纂委員会 一九九八：二六八］。

［16］米軍統治下において琉球政府が施行したが、本土の同法と大きな違いはない内容であった。

［17］また街娼の存在も根強かった。琉球政府警察局による「売春防止対策関係資料」（一九七六年）によれば、一九七〇年代半ば頃も沖縄全土で少なくとも七四〇〇人程度、そのうち辻一帯には約八〇〇人の売春婦が存在したとされる。

［18］本研究では男性インフォーマントをアルファベット大文字二文字で、女性インフォーマントを大文字と小文字で表記する（例えば、ＡＡ氏は男性、Ａa氏は女性）。またとくに表記がない場合は二〇〇八年時点の年齢とする。

［19］本書で用いる「宮古」という語は、宮古島および宮古島内の集落一般を指す。また「母村」は経験的、「故郷」は精神的なふるさとを意味するものとして用いる。

［20］母村集落、あるいは集落内の小字を単位とする明確な組織をもつものに加えて、非公式なネットワークを合わせれば、同郷であることに起因するコミュニティは現在も沖縄県内に数多く存在している。

［21］鳥越皓之は自治会・町内会などの地域自治体を、行政の末端機構としての会であることに加えて①加入単位世帯であること（世帯単位制）、②ある地域空間を占拠し、地域内にひとつしかないこと（地域占拠性）、③特定地域の全世帯の加入を前提としていること（世帯加入制）、④地域生活に必要な活動を担うこと（包括機能）、と定義している［鳥越 一九九四］。

［22］吉川の調査では那覇市内で結成された郷友会のうち、宮古島に母村がある郷友会は合計四五か所、八重山諸島に母村がある郷友会は合計一八か所である。沖縄全体の郷友会の発足時期をみると、本島北部を母村とする郷友会の結成が一九六五年までにほぼ終了している一方、宮古、八重山の郷友会の結成は少し遅れ、一九七〇年代半ばの比較的短期間に集中している。また郷友会全体のうち最も大きな割合を占めるのは宮古、八重山の離島である［吉川 一九八九：一一七―一一八］。また那覇市において郷友会が結成された時期はおおよそが戦後、とくに一九五〇年代後半から一九六〇年代半ばにかけてであった。那覇市への移住は、宅地開発がなされていない空間に住宅が建てられ、そこに他地域から流入があったケース、あるいは市による公営住宅を中心とした住宅地の開発にしたがって流入人口が定着したというふたつのケースが推測される［黒田 二〇〇〇］。

［23］さらに、母村の年間行事や伝統文化の再現を母村から離れた場所で行うことが、文化伝承に加えて会員同士の連帯感の強化につながるとする論もある。前川は「『ふるさと感覚』と呼ばれるような同郷者の心情的な団結」［前川 二〇〇八］にもとづく、母村という共通点によって構成された共同体とする視点、またその社会的機能の解明に要点を置いて郷友会を論じている。

［24］議員が選出されることは、彼らが属する各郷友会にとっても名誉なことであるとされる［石原 一九八〇、琉球新報社 一九八〇、戸田 一九九五］。宮古郷友会の場合でも、このような「名士」を顕彰する行事を行っているが、こうした会員が郷友会の運営の一助を担ってきたことも見逃してはならない。

第四章　辻の現代的様相

続いて、移住者によって「再興」されてから現在に至るまでの辻地域の状況を説明していく。本章での言及の下地にあるのは、戦後に辻地域に流入してきた他地域出身者が約半世紀にもわたる経験を経て定住し、高齢になったという年月の経過である。

辻地域が迎えるさらなる変容について、調査にもとづく民族誌的記述を中心に検討していくことが目的である本章ではまず、現在の辻地域の特徴のひとつである高齢化の状況を確認する。続いて、移住者の生活を支えてきた地域社会の様相の変化として近年の共同体祭祀の実施事例に見られる新たな祭祀形態の出現と親族関係の変化を指摘する。

一　高齢化の状況

二〇一五年の国勢調査による沖縄県の総人口は一四三万三五六六人、そのうち六五歳以上は二七万八三三七人、高齢化率は一九・六％である〔沖縄県／ウェブサイト〕。二〇〇六年度『沖縄県高齢者保健福祉計画』によれば、沖縄県の生産者人口（一五〜六〇歳）や年少人口（〇〜一四歳）は減少する一方、高齢者人口は増加の一途をたどることが予測され、二〇二五年には高齢化率は二五・〇％になると推測される〔沖縄県 二〇〇六〕。また、七五歳以上を基準とする後期高齢者人口も年々上昇しており、二〇一三年時点では一三万七〇〇四人である〔沖縄県／ウェブサイト〕。

那覇市の高齢化率は県全体の平均を超え、二〇一三年時点で一九・〇％、二〇二五年には二五・〇％を超すと予想されている〔1〕。また後期高齢者人口は二〇一一年に高齢者人口の半数を超えており、以降もこの割合は増加していくと考えられている〔那覇市／ウェブサイト〕。

辻地域の人口は、私が調査を開始した二〇〇八年八月の時点で一二三五世帯、二四六四人、二〇一〇年八月末時点で一二六七世帯、一四一三人であり、世帯当たりの居住人数の減少、とりわけ単身世帯の急増が顕著にみられる〔沖縄県企画部統計課／ウェブサイト〕。辻一丁目と二丁目の高齢化率は〔2〕、二〇〇一年時点では店舗が多い一丁目で一一・一％だったのに対し、一〇年後の二〇一一年には二〇％を超え、二〇一六年には二〇・九％に達している。住宅の多い二丁目ではさらに高齢化傾向が顕著であり、二〇〇一年時点で二四・七％、二〇一一年では二六・三％、二〇一六年には三五・四％となり、住民の三分の一以上が高齢者という様相を呈している〔那覇市企画調整課統計グループ 二〇〇二・二〇〇七・二〇一二〕。辻地域は那覇市の調査では市内でも際立って高齢化が進んでいる地域であり、自治会（二〇一三年時点で二六六世帯が加入）のもと青年団、婦人会、老人会が組織されているものの、青年団以外の役員はほとんど老年者層によって占められている。また辻地域内の市営住宅はほかの那覇市営団地に比べて老年者の入居率が高い傾向にあり、全体の居住者の六〇％が六五歳以上である。そのため市は

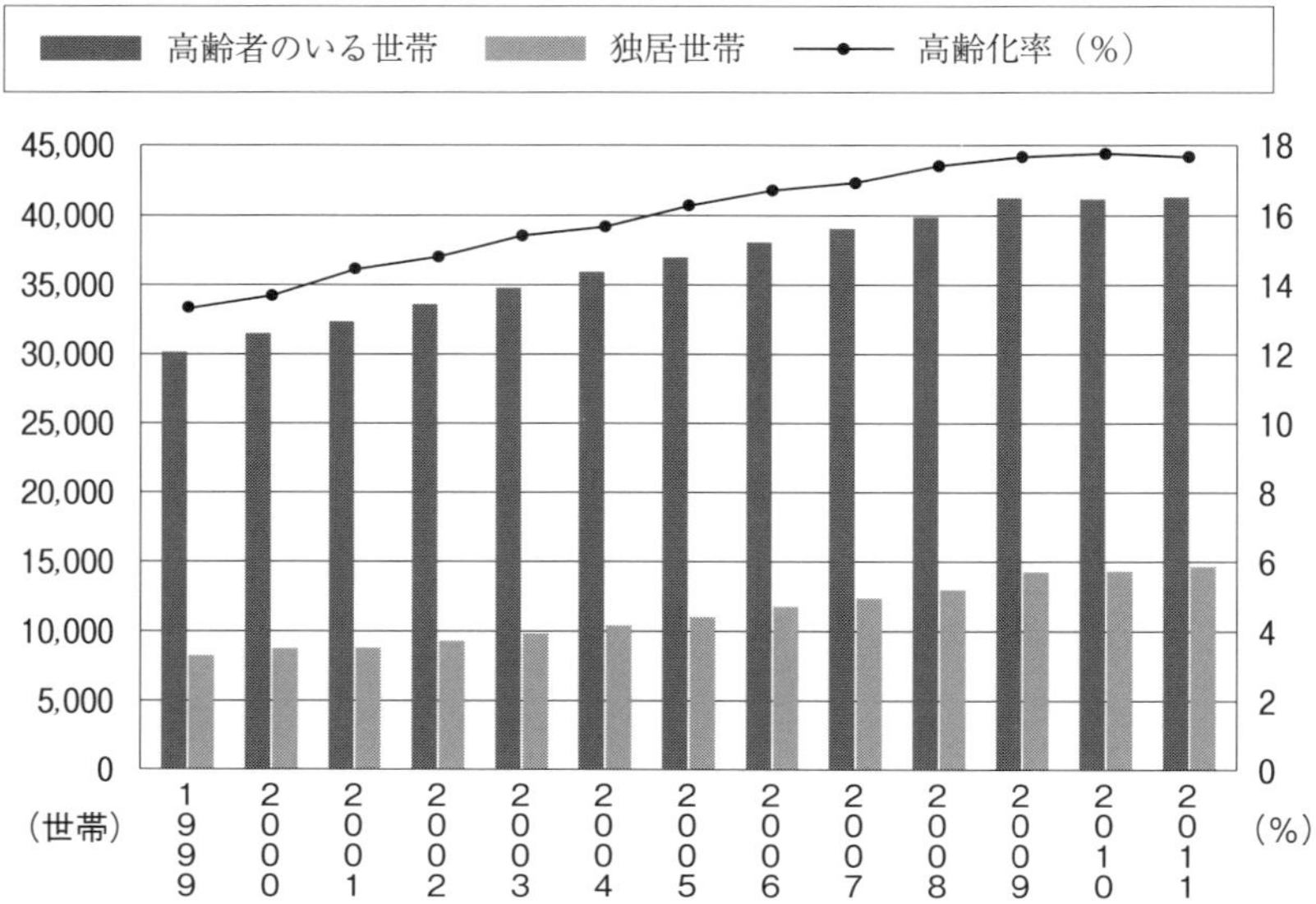

グラフ②　沖縄県の世帯数と高齢化率［沖縄県企画部統計課／ウェブサイト］

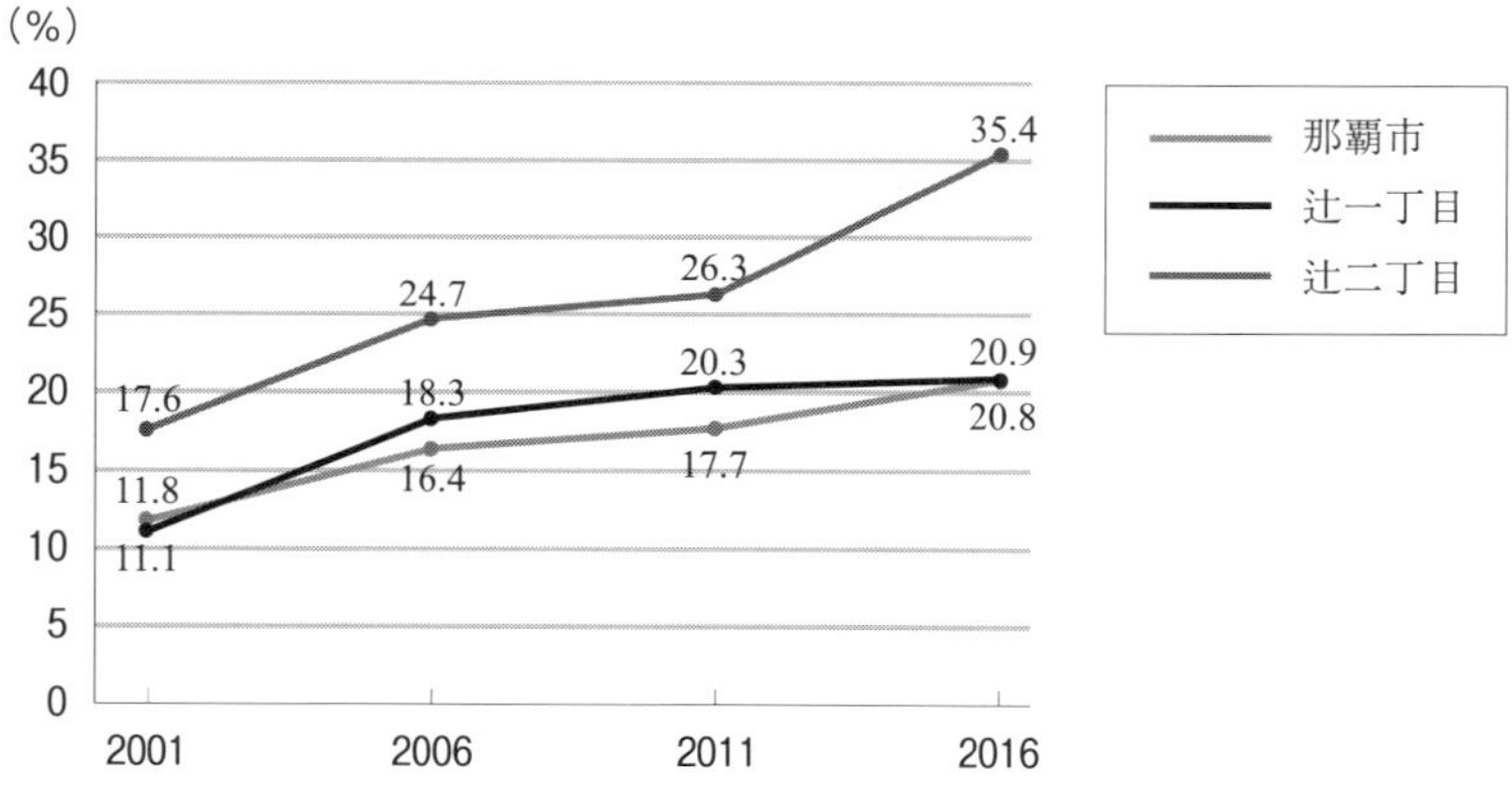

グラフ③　那覇市と辻地域の高齢化率（［那覇市企画調整課統計グループ 2016］より筆者作成）

入居者の高齢化への対応も迫られている［3］［那覇市 二〇〇八：一八］。

辻地域には戦後まもなく建設されたコンクリート製の建造物が現在も多く残されており、老朽化のために家賃の安い住宅として貸し出されるものが多い［4］［那覇市 二〇〇八］。このような住居は、年金あるいは低所得、生活保護を受給している単身世帯の入居傾向が強くなると考えられている［5］［那覇市 二〇〇八］。しかしながら近年、那覇空港から那覇市中心部へとつながる海中道路が隣接する若狭地域を経由して開通したこと、若狭地域に主に台湾方面からの船舶が停留する港湾設備が完成したこともあり、辻・若狭地域の再開発の気運が高まり、人口構造の変化と観光客の増加が見込まれている［6］。とくに二〇一〇年以降には、市内中心部に位置し交通の便も良いことを売りにした観光客向けのマンスリーマンションやドミトリー建設が進んでいる。

辻地域の高齢化の最大の要因は、移住第一世代の子・孫の辻地域からの移住傾向である。辻・若狭地域に移り住んだ移住者は当初、一家が居住する家屋の一部を利用して旅館や飲食店を経営することが多く、一帯にこのような店舗が増加しても、さらに他地域へ移る必要がないほど、戦後、とりわけベトナム戦争時の那覇港周辺の経済収益は膨大であった。しかしながら、移住第一世代の子世代が成人する時期に前後して沖縄は日本への復帰を果たし、米軍関係者を対象とするそれまでの歓楽街産業の継続は困難になった。辻地域でも経営方針の転換がはかられたものの、経済は徐々に衰退し、新しい就労先を求めとくに沖縄県外への就労が盛んになっていく。結果として、現在の辻地域は移住第一世代の子・孫世代が就労のため辻地域を離れ、高齢化した第一世代が取り残されるという様相を示している。

写真⑫⑬　若狭地域の港湾開発にともない整備された道路

二　郷友会の衰退

戦後から現在までの辻地域の第二の特性は、移住者によって形成された、土地とのつながりのない共同体が実質的に自治機能を果たしていることである。

前章でみたように、郷友会は、母村とのつながりの維持・強化と都市移住にあたってのインキュベーターという、ふたつの機能を有していた。しかし移住者は都市での生活経験の蓄積にしたがって社会関係を再編しており、また都市で生まれた第二世代の増加によって、母村の共有・移住経験を基盤とする共同体は必要とされなくなっている。この実情を、地域住民の語りから確認しよう。

移住第一世代の語り

以下は現在も郷友会に何らかの形で関与している地域住民に行った、母村との交流、および移住後の郷友会活動・生活に関する聞き取りの結果である。移住経験者の息子であるＵＭ氏以外は移住を経験した移住第一世代であり、郷友会が前提とする母村での生活経験を有している。

Ａｈ氏（七〇代女性）は、出身学区の郷友会に一九七〇年頃から約四〇年所属している。家族の中で郷友会に所属している者は他にいない。主な活動は敬老会である。郷友会および沖縄宮古郷友連合会で開催される敬老会への参加の他に、盆、正月に母村に帰郷している。

Ｈｒ氏（八〇代女性）は出身学区の郷友会に四〇〜五〇年所属している。五、六年前までは子ども夫婦や孫を含めた家族全員が会に所属していたが、Ｈｒ氏の夫が死亡して以来、Ｈｒ氏のみが会員として残っている。入会のきっかけは、同郷者の交流を深めるために出身集落の郷友会を盛り上げようと考えたためである。所属郷友会の主な活動は運動会を代表とする各種競技大会、敬老会、新年会、忘年会、摸合であるが、Ｈｒ氏は現在摸合のみに参加している。活動は徐々に少なくなっていると語り、その要因として会のまとめ役がいなくなったことをあげている。若い世代の郷友会離れについては、時代の流れであると考えている。また、母村への帰郷は親戚付き合いが中心であるが、ここ数年は親戚が一堂に集まるのは難しくなってきているという。墓は那覇市内の霊園に移動してあるため、祭祀にあたって帰郷する必要はない。

Ｏｔ氏（八〇代女性）は出身地学区の郷友会に四〇～五〇年所属している。活動内容はＨｒ氏と同じであり、郷友会活動の場の減少要因も同様に、郷友会をまとめる役を担う者がいなくなっていることをあげる。また若い世代が郷友会に入会しないことが郷友会の弱体化につながると考え、「さみしいことだ」と話す。母村には兄弟がおり、帰郷の理由は墓参りを中心とした親戚付き合いが中心である。郷友会員以外にも辻地域には親類が多く、辻地域の本家に集まることもあったが、これも今はあまりないという。

Ｉｈ氏（七〇代女性）は石垣島出身である。夫は以前宮古を母村とする郷友会に所属していた。現在の居住地には自身と同じ地域の出身者がいないことを理由に、自身は石垣、宮古ともに郷友会には入会していない。母村には盆の時期に実家に帰る程度であり、その墓地も那覇市内に移転している。若い世代が郷友会に入会しない要因として、入会するきっかけがないことをあげている。

ＵＭ氏（四〇代男性）は父親が所属している郷友会に入会している。この会の結成年は浅く、壮年の会員も少数であるがいるという。ＵＭ氏が参加するのは、学区の郷友会が対抗で行うスポーツ大会が主である。「老人には（激しいスポーツは）できないから」と語るが、青壮年の入会者はどの会でも少なく、対抗というよりはむしろ親睦の意味合いが強いという。母村での生活経験は幼少期のみであるにもかかわらず郷友会に所属している理由について、UM氏は「自分の出身地域に限らず、色々な人と知り合える」ためと語る。また同世代やそれ以下の世代の会員の少なさについては「今の（居住地の）生活には（母村は）関係がないから（若い世代が入会しない）」と考えている。

ＳＹ氏（四〇代男性）は父親の出身地区の郷友会に入会している。郷友会の活動で最も思い出深いのは、小学校低学年の頃出場した運動会であると語る。当時の運動会は宮古からも一族で会場を訪れるほどにぎわい、「いつもは優しい、年をとったおばあさんが応援で声を張り上げたり、隣の席の他地区出身者と荒々しく対抗したり、自分の地区が一番だとみなが力を合わせていた。自分も子どもながらに熱が入り、楽しかった。お祭りのようだった」という。しかし「高校に入ってから一度運動会に参加したが、子どものころより活気がない印象を受けた。後で友人に聞いたら、今はもうなくなったと聞いた」、「今は（ＳＹ氏が所属する郷友会に）入会している（移住第二世代）のは僕くらいかな。実業と両立するのは難しくて困る」と語る。

移住第一世代は、下位世代が郷友会に入会しないことについて、第二世代の移住者の多くが働き盛りの年代であり、また那覇市で生まれ育っているため母村のことを知らない点を理由にあげる。また、辻地域の住民は旧盆、正月やウマチーなどの祭祀にも母村に戻らない場合が多い。その一因が墓の移転である。郷友会結成時、各会では共同墓地の設立が盛んに行われ、また那覇市営の共同墓地が利用されることも多かった［琉球新報　一九八〇］。辻地域でも同様に沖縄本島の民営霊園の利用が広がり、現在では「家の墓は宮古に再引き上げをした息子やその嫁が祀ることもあるが、位牌はすでに那覇に仏壇がある家が多」いという。そのため、各種祭祀においても母村に帰郷する必要性は低下しているのである。母村へのUターンを望まないのも、生業や現住地での人間関係などが理由としてあげられるが、すでに墓地・位牌の移転を行っていることも影響しているようである。墓・位牌も移住にともない母村から現住地へと移したことが、母村との精神的距離を大きくしているといえる〔7〕。なお、宮古を母村とする移住者が本島に墓を所有するにあたっては、第二次大戦前に辻地域に存在した「宮古墓地」を利用するケースもあったと考えられること、またこの墓地は戦火により消失したため、一九五〇年代に当時の宮古郷友会によって所有権利再獲得の請願活動が行われたことを付記しておく［在沖宮古郷友連合会 一九八〇：六六—七八］。

さらに、現在は郷友会に所属していないＨＦ氏（八〇代男性）の語りから郷友会の形骸化を移住第一世代がどのように感じているのかを詳しくみていこう。

ＨＦ氏は八重山出身で、那覇にきて一三年になる。二〇一二年時点で辻地域の老人会長をつとめており、また石垣、宮古で教師をしていた経験から老人憩の家でも書道の教員をしている。宮古に赴任した際に出会った宮古出身の妻は出身集落の郷友会長をつとめていた経験があり、ＨＦ氏もこの会の活動に参加していたこともあるが、自分の出身集落を母村とする郷友会には所属していないという。

宮古出身者が辻地域に移入した理由についてＨＦ氏は、宮古ではサトウキビやタバコの栽培を中心とした農業が盛んであるものの、農協から資金を借り収穫後返済するというシステムをとっているためまとまった利益を得ることが難しいこと、また台風や干ばつの被害をうけやすいことをあげる。とりわけ子育てのためにまとまった収入を必要とする者は、那覇で商売に従事したほうが良いと判断したため、彼らの移住が盛んになったというのである。

ＨＦ氏は、現在郷友会の活動はおしなべて活発ではなく、とくに移住第二世代以降には郷友会は「捨てられている」と感じている。その理由を「子どもはこちら（那覇）で生まれたので郷友会には入らない」とし、「二世三世は（郷友会に）全く関心がない。会員は減少し、いずれは消滅するのかもしれない」と考えている。また仏壇や墓地での祭祀にもとづく移住第一世代と母村との関係については「宮古の家や土地を処分した人もいるというが、惜しいと思って畑地を残している人もいるようである。何名かは、祖先が残した財産に興味があるというのもいるだろう。こちらで墓地を買っている人もいるが、宮古にあって、祖先代々の墓とこちらを行ったり来たりという場合もあるようである」と語る。しかし「こちら（辻地域）に来てから親戚が集まるのは、妻の親戚が三〇名くらい正月とか忘年会などの際に一年に一回程度である」と続ける。ＨＦ氏の妻は親類や宮古出身者同士の交流を保っていきたいと考えているようであり、月に一回レストランでの顔合わせを企画しているというが、実際にはこのように考える者は少ないとＨＦ氏は考えている。彼自身も出身集落に戻ることは考えておらず、「生涯をこちら（那覇）で暮らす、として（那覇に）来ている」という。

前章で述べたとおり、従来、郷友会への所属は強制ではないものの、移住者は何らかの同郷者集団に属するのが一般的であった。しかし当然として入会していた時期に加入した当時の会員のほとんどは現在七五歳以上の老年者となっている。郷友会員の減少について宮古出身者は、ＨＦ氏と同様に「若い世代は那覇で生まれているので郷友会に関心がない」、「宮古の郷友会は消えつつある。人が集まってこない」と語る。若年層の郷友会離れは、一九八〇年発刊の『在沖宮古郷友連合会誌　みやこ』に掲載された若年層の郷友会への参加に関する現状と期待についての意見からも分かるように、かなり以前から指摘されており〔在沖宮古郷友連合会　一九八〇：五四、一一四

一一五、一二一、一二二—一二三]、現沖縄宮古郷友連合会長は、宮古島の学校を卒業し那覇市に移住する若年層を会に取り込むことを解決策のひとつとして、そのための組織づくりを視野に入れている。しかしながらそれもうまくいっておらず、若年層の郷友会離れは深刻であり、沖縄宮古郷友連合会が企画する成人式の参加者も近年はごくわずかであるという。

次世代の担い手の不足に加えて、会員の高齢化も郷友会の運営・存続において大きな問題である。実際、会自体の廃止とまではいかなくとも、運動会、成人式などのイベントが廃止された郷友会は多く、郷友会はもはや形骸化しているといってよい[小林・後藤 二〇〇〇]。

また、移住先での長年の生活のなかで、移住第一世代の生活ネットワークが都市で形成されたものへと移行したことにも注目したい。彼らの生活経験・精神的基盤——「よりどころ」——の重心が都市へと移ったことにより郷友会の根拠となる「母村」の継承は困難となり、また子世代以降の母村を都市へと移行させる[菅沼 二〇一二]。

これらの状況によって、郷友会が果たしてきた辻地域住民の地域生活のための活動は、居住・生活圏単位のコミュニティであり、市町村などの行政の末端機構でもある自治会によって全面的に担われることになる。しかしながら現在、辻自治会の活動は決して活発であるとはいえない。この最大の要因も、地域住民の高齢化と、その子・孫世代の辻地域からの移住による自治会成員の不足である。地域の支え手として期待される壮年層や青年層がいない辻地域では、自治会の活動は現在も移住第一世代によって担われており、活力の低下はいなめない。

以上のように、辻地域の地域共同体は、住民の高齢化、移住者コミュニティとしての郷友会の形骸化、自治会活動の担い手不足といった複動的な背景に伴い、機能不全に陥っているとみることができる。現在辻地域に残り高齢となった住民は、自治会よりもその下部組織である老人会や参加型福祉サービスの場に現れることが多くなっている。しかし、これらが従来の沖縄社会にみられた共同体に代わる機能をはたしているともみなしがたい。というのは、次章で確認するようにこれらの場では従来の地域共同体にみられたような土地との関連や政治的・互助的機能が期待されないからである。

三　地域祭祀と移住者

地域共同体が移住者によって形成されていることは、そこで実施されている地域祭祀の様相にも影響を与えている。

人類学および民俗学では、地域共同体における民俗の伝承は土地との関連のなかで議論されてきた。先にも少し触れたように、民俗は「超世代的に一定の領域の土地を占取して存在する」〔福田　一九八四：二五九〕、「村落およびその内部に重層的に存在する種々の超世代的な社会組織」〔福田　一九八二：六〕によって伝承されてきたとされ、地域祭祀も土地とのつながりを前提としていると考えられている。沖縄の村落祭祀でも、村落の発生地や井戸などの村落内の拝所に対して巡礼がおこなわれることが多い。とくに村落の発生にかかわる拝所には祖先神が祀られているとされるが、そうでなくとも拝所と祭祀を行う集団の成員とは村落構造に由来する関係をもつことが指摘されている〔植松　二〇〇八〕。たとえば、従来地域祭祀を取り仕切るのは琉球王府より指名されたノロと共同体内から選出された司祭者であったが、その司祭者の選出に当たっては、前述したようにいくつかの原則が設定される。とくに、ニーガミ（根神）・ニッチュ（根人）とよばれる役職は、村落の創始者の家系から輩出されることになっている［リーブラ 一九七四（一九六六）：一七八―一八六］。さらに、地域祭祀への関与も原則として共同体内に属する者に限られ、寄留民は祭祀に関与することはなかったとされる。地域祭祀に関するあらゆる場面に、こうした地域祭祀の実施者である住民と村落が位置する土地との地理的近接性が見出される［越智 二〇一三］が、現在の調査地の地域祭祀においては、以上のような理解をそのまま援用することはできない。その特徴を明らかにするために、まず遊郭期から継続されているハチカショウガツと、若狭地域の村御願の実施状況をみていこう。

ハチカショウガツ

辻の地域祭祀は、遊郭壊滅を機に大きく変化している。その最たる理由は、担い手であったジュリの事実上の消滅である。『那覇市史』には「チージ（辻）が消滅した戦後も、そこにいた人たちによって各地の拝みは続けられていたが十余年も経たある年、カミンチュや三世相（サンジンソー［8］）、チージの主だった人たちが、チージや仲島、渡地のお願所をはじめ首里や普天間など各地の拝みを盛大に行った後、その翌年から拝みはお願の坂［9］を中心に行うようになり、首里や普天間などには、チージの軸からお通しをするようになった」［那覇市企画部市史編集室 一九七九：一三二］とある。これ以降、遊郭期に行われていた地域祭祀は急速に簡略化され、ハチカショウガツのみを大きく行う現在の形態になったと考えられる。

しかしながら、ハチカショウガツを現在の辻の地域祭祀とみなすには、先に述べたように地域と祭祀実施者との間に乖離がみられる点で疑問が残る。現在、主要な拝所の管理とハチカショウガツの運営は辻遊郭の事務を一任されていたジュリの息子によって創始された財団法人が担っており、他地域から移住してきた現在の辻地域住民はハチカショウガツ自体には関与していないのである。この祭祀運営組織と地域住民とのずれをふまえたうえ

写真⑭　ハチカショウガツで設置されるシシとミルクを祀る祭壇

で、二〇一三年に行われたハチカショウガツの様子を概観する。

二〇一三年は三月一日がハチカショウガツにあたり、神事とジュリ馬の奉納披露が行われた。

前日となる二月二八日には、財団法人の事務所にウィンダカリのカミであるシシの面とメーンダカリのカミであるミルクの面が祭壇のような形で安置される[10]。これらの面は普段は事務所向かいに位置し、辻遊郭時代から現在まで最も重要とされる松の下拝所内の小屋に安置されている。拝所が現在の形で整備されていなかった戦前には、ムイメーの家や遊郭内の小山の横穴、現在法人事務所が位置する敷地に建てられていた「トタン小屋」で保管されており[11]、このトタン小屋の老朽化にあたって、二〇〇一年に法人が小屋跡地に現在の事務所を新築したという。事務所の上階は貸し物件とし、その収入を寄付金のみでは難しくなっている法人の運営にあてている。

写真⑮　「廿日正月」ののぼりが立てられた松の下拝所

写真⑯　ハチカショウガツの開始を待つ観光客

写真⑰　拝所に向かうカミンチュと役員

翌三月一日、一四時の開始を待ちきれず、三〇分ほど前にはカメラを抱えた大勢の見物客が到着していた。加えて、地域内の民間の介護施設を利用する老年者のための椅子〔12〕が路上に多く設置されている様子もみられた。

一四時頃、ハチカショウガツ実行委員をつとめる法人の理事たちが鐘鼓を鳴らし、事務所を出発する。その後にカミンチュ二人と法被姿の現理事長や女性実行委員が続く。彼女らは神事に用いるビンシー〔13〕、重箱、ウチカビ（紙銭）、ヒラウコー〔14〕、拝所の前に敷くためのゴザをもち移動を始める〔15〕。

神事は松の下拝所前から出発し、海蔵院、志良堂御獄、カー（井戸）を順に拝み、松の下拝所内の拝所とウミナイビのものとされる墓、およびヒヌカンを拝んで終了となる。いくつかの拝所では、カミンチュによる拝みの後、六人の踊り手によってジュリ馬が奉納される。前章でふれたとおり、松の下拝所は戦後は松乃下料亭が管理にあたっていたが、後に廃業したため

写真⑱　海蔵院での拝み

写真⑲　カーでの拝み

[16]、現在は法人が管理を行っている。海蔵院は現在の若狭一丁目に位置しており、一般の住宅の一部の仏間にウミナイビの位牌が祀られている（詳細は後掲表③を参照）。

実行委員である財団法人の理事らは口をそろえて「ハチカショウガツで最も重要なのは神事」であるというが、「神事については省略した場所や短くした部分がある」ともいう。また、神事にあたって、見物客が拝みや移動

写真⑳　ヒヌカンへの拝みの準備

写真㉑　2013年に神事を執り行ったカミンチュ

写真㉒㉓　ヒヌカンへの拝み

写真㉔　松の下拝所内の墓地にジュリ馬を奉納する

の邪魔になる場合（たとえば首里を遥拝する際にその方角に見物客が並んでしまう場合など）は、理事だけでなくカミンチュが直々に注意をあたえることもある［17］。一方で理事やカミンチュの間でも私語が多く聞かれ、厳粛さはそれほど重視されていないようにみえる。

一五時三〇分頃、神事が終了すると、カミンチュや実行委員は事務所内へと入っていく。その五分後、琉装の女性がマイクを片手に事務所前に現われ、挨拶をする。このあたりから松の下拝所前は芸能祭りの様相を呈してくる。東京から招待された「春駒会」や、民間通所型福祉施設の所長や料亭の女性従業員らが次々に琉球舞踊や創作舞踊を披露し、最後に二〇人ほどの舞手によるジュリ馬が披露される。披露後、舞手はユイユイと特徴的な掛け声をかけながら事務所内に入っていく。このような趣向は、以前法人の理事長をつとめた経験のある実行委員長によるものである。彼はこの年のハチカショウガツの感想として「お墓の拝みが長すぎる。短縮して踊りを増やしたい」と他の実行委

写真㉕　拝所をとりかこむ観光客

員に語っていた。

すべてのプログラムが終了したのは一六時三〇分頃であり、この後事務所では慰労会が行われ、見物客はばらばらと帰途につく。また各福祉施設の送迎バスが見学していた老年者を迎えに来る。

以上を概観すると、戦前のハチカショウガツおよびジュリ馬の実行形態と異なる点の多さに驚かされる。遊郭の消滅を機とした運営主体の変化がその最も大きな要因であることは明らかであろうが、もうひとつ、祭祀の性質の変化も見逃すことができない。以下、この二点についてみていこう。

まず、運営主体の変化についてである。現在のハチカショウガツは、地域住民ではなく辻遊郭に縁をもつ有志から構成される法人によって担われている。この辻遊郭との縁をカミンチュは「根」と表現する。この「根」は辻遊郭や辻地域出身であることとは限らない。たとえば二〇一二年にハチカショウガツの神事を執り行ったカミンチュは、久米島で生まれ、辻遊郭でジュリとして舞踊を学んでいた養母に戦後の混乱期に引き取られたという女性である。彼女はとりわけ霊的資質があるわけではないが、養母が存命中は養母と二人で、その後はひとりで辻地域の神事を取り仕切ってきたという。彼女が辻地域の神事を取り仕切る立場におかれているのは、養母を介した辻遊郭との縁（＝根）の所以である。彼女は、祭祀にあたって重要なのは辻遊郭に根をもつことであり、それまでのカミンチュ――養母、あるいはそれ以前――が継承してきた神事の「やりかた」を継承することである、と強調する。彼女は二〇一三

写真㉖　慰労会の様子

写真㉗　慰労会でふるまわれた膳

年のハチカショウガツでは、カミンチュに指示を与える立場となっている。また彼女を含めてカミンチュは日ごろから辻に居住しているわけではなく、神事にあたって依頼されるということである。

同様に、法人もハチカショウガツの継続は辻遊郭との縁をもつものによって担われるべきであり、現在の地域住民の大部分は辻地域出身でないだけでなく、遊郭との関連をもたないためハチカショウガツを担うべきではないと考えている。

こうして、戦後宮古を中心とした他地域より那覇市内での就労のために移入した者は、ハチカショウガツやジュリ馬行列に対して親しみをもっていないし、現在ハチカショウガツを担う人々は辻地域に居住していないというねじれが生じている［18］。

従来の担い手の消滅をきっかけとした住民と祭祀の分離の一方、ハチカショウガツは現在まで辻を象徴する祭りとして継続されている。その最大の要因は観光資源化、具体的にはハチカショウガツの一部であるはずのジュリ馬へのクローズアップである。

戦後担い手を失ったジュリ馬の継続を支えたのは、歓楽街として復興をとげた辻地域の経済を支えた料亭で働く「ホステス」のような役割を担う女性や沖縄県内や県外各地の琉舞道場であった。フェミニズム運動がハチカショウガツやジュリの舞いを踊る彼女たちを強く非難する一方、彼女たちの働きと沖縄の観光産業の成長はジュリ馬を観光資源として見出したのである［加藤 二〇一一：二〇〇］。

しかし、戦後何度かにわたる廃娼・フェミニズム運動のなかで、「遊女の祭り」という意味合いが強いハチカショウガツとジュリ馬は常に政治性にさらされてきた。現在、ハチカショウガツは、辻遊郭の風情を残す行事として那覇市三大祭りに数えられ、そこで披露される「伝統芸能」であるジュリ馬を見学する観光客は多い。実行委員長が拝みを縮小して舞踊の枠を設けようとするのも、こうした観光化傾向の一環であると考えられるだろう［19］。

以上、遊郭の解体および移住者の流入による運営主体の変化と、観光資源化という祭祀自体の性質の変化から、辻の地域祭祀（ハチカショウガツ）をつかさどる祭祀組織すなわちハチカショウガツの運営主体と地域との乖離傾向を示してきた。ハチカショウガツの元来の担い手であったジュリが消滅した以降も、辻地域の祭祀に他地域出身の辻居住者が主要な立場としてかかわらなかったのは、元ジュリや辻遊郭に何らかの縁をもつ辻地域外居住者が「根」を根拠としてジュリに代わる祭祀の主体をつとめているためである。現在の辻地域の住民の大半を占め、自治会組織の中核を担っている他地域出身者たちは、自治会や郷友会の親睦行事や母村での地域祭祀に関与することはあっても、辻地域の居住者として地域祭祀に参加することはない。

一方、三章で紹介したＳｔ氏のように、母村で実施される地域祭祀に参加している移住者の例もみられた。しかし彼女や他の多くの住民の出身地である宮古で盛んな御嶽祭祀は信仰の対象を集落内の拝所とするため、移住によってその地域を離れた彼らは母村で祭祀に関わることも困難になっている。現在の辻地域は、住民と地域祭祀の関連がないか限りなく希薄であるという、沖縄の一般的な村落共同体とは明らかに異なる様相を呈していることになる。

若狭の祭祀の変化

辻地域で行われている地域祭祀は、その起源からして沖縄社会に一般的にみられる事例とは様相を異にしている一方、隣接する若狭地域には戦前から行われてきた地域祭祀が現在まで続いている。しかし、そこにもいくつかの変化を指摘することができる。

若狭地域は土壌と地下水の獲得に利点があったことから、戦前までは農業と漆器生産が行なわれていた。しかしながら第二次大戦で地域は壊滅し、辻と同様若狭地域周辺も米軍の管理下に置かれることとなった。この際、当時の住民は退去させられ、当時の拝所も破壊された。開放後の若狭地域は、前章でも触れたように辻地域と同じく宮古島を中心に集中的に移住した他地域出身者によって開発され、隣接地域に設置された辻歓楽街の客層を取り込み、ホテル街として復興した。以降は辻地域とほぼ並行して開発されていき、社会状況の変化による辻歓楽街の衰退をうけ若狭地域の商業需要も下降線をたどることになる。高齢化率は二〇一四年時点で約二四・一%を示しており、これは市の平均より高い数値である。加えて空き家率も市内の平均より四%以上高い。

若狭地域では、戦前から行なわれてきたチクイムジクイ（収穫御礼）である地域祭祀「村御願」が現在まで継続されている。村御願は、戦後の区画整理によって設定された範囲でなく、若狭村落が発生した当時の集落内各所にあった拝所を徒歩でめぐる形で、年に二回行なわれる。地域住民の参加は強制ではない。参加者は高齢化の一途をたどっており、二〇一二年秋の参加者は約四〇人、最も若い者で六〇代であったこと、また男性は郷土史家一人のみであったことから、現在の村御願は地域の老年女性に支えられているといえる。

各拝所の概要について、二〇一二年時点の若狭一丁目自治会長Sb氏（七〇歳代女性）と、司祭者役をつとめるMh氏（八〇歳代女性）に行った聞き取りと参考文献からまとめる。なお、項目の丸数字は祭祀の際に訪れる順番であり、図③にも対応している。

表③　若狭村御願で順拝される拝所

①ユーノサチ	『球陽』[20]によれば、日本本土出身者により一七世紀にたてられた神宮跡である。この地下の洞中で水神を拝む習慣もあったされる［平崎　一九九〇：四二七］。平崎はこの拝所を「雪の崎（ユーチヌサチ）」としており、パンフレットなどにもこの表記がみられるが、Ｍｈ氏は「世の先」という意味であり、よく言われる「雪の崎」ではないと説明する。Ｍｈ氏によれば、海底山脈を取り次ぎ、辺戸岬（沖縄本島最北部）の岬竜宮までクニアラシ（津波）を鎮めるよう報告する場所であり、そのために巡拝の際は最初に拝むのが決まりである。
②竜宮	⑨波上宮本殿が建設されている海にせり出した崖の下に位置する。干潮時には岩をつたって渡ることができるが、足場は悪く、満潮時には徒歩で渡ることはできない。
③シーサーヤー	戦前に若狭地域に設置されていた施設（ケンサヤー）の跡地に位置し、シーサー（獅子像）を祀る。このシーサーは火伏せのために設置されたものと考えられている［平崎　一九九〇：四七四―四七八］。Ｍｈ氏は、シーサーよりも堂の傍にある井戸跡が祭祀の上で重要であり、「（雨水を）一〇日ごとにください」と祈る場所であるという。現在堂が位置するのは市有地であり、昨今の若狭地域の再開発の動きの中で堂の維持存続が懸念されている。地域住民によれば、堂が取り壊されることはないだろうが、敷地に企業や何らかの建物が建てられることによって住民が自由に参拝することができなくなる恐れがあるのだという[21]。
④夷堂	日秀上人が建立したと伝えられる、那覇内の二か所の夷堂のうちのひとつである［平崎　一九九〇：四三六―四三七］。戦前は波上宮近くの病院内にあったとＭｈ氏は語る。戦後正確な位置がわからなくなり、しばらくして若狭地域に最初に作られた学校（現在は市立保育園）の敷地に移す形で再興された。この堂も老朽化、および保育園の改装工事のため解体・新築されることになり、有志によって市営公園内の仮堂に移されていた。新しい堂の完成後、他の祭事との兼ね合いやいい日にちを選び、二〇一一年一〇月一七日に保育園敷地内へ移された。夷堂では旧一〇月二〇日に例祭が行われたとする報告［平崎　一九九〇：四三七］があるが、筆者の調査時点ではそうした事例はみられなかった。
⑤ユーナノカー	松山公園にあるこの井戸は非常に深く、以前は上にクルマ（つるべ）をつけ生活水としても利用されていたと地域住民は語る。この井戸がある山はイシグスクといい、天に石と木と草をくれるよう祈った際石が下ろされた場所であるとＭｈ氏はいう。

⑥海蔵院	琉球王府時代の真言宗寺院跡で、現在は一般の住宅となっている[平崎 一九九〇：四一五―四二〇]。住宅の敷地内には海蔵院に関する石碑が残されている。また仏間には前述のとおり遊郭の開祖とされる王女の位牌が祀られており、ハチカショウガツの巡拝路にも含まれている。普段の管理は住人に任されており、遊郭に縁のある者、有志の支援も含めて維持存続にあたっている。現在は老年女性が居住しているが、後継ぎである息子は管理に興味がないため、那覇市の文化財指定を受け管理を依頼することも視野に入れているという。
⑦孔子廟	一五世紀以降、中国趣旨院で琉球王府期に久米村周辺に拠点を置いた久米三十六姓の帰化を契機として建立された。一七世紀に久米村の総理をつとめた紫金大夫一族により祀られる[外間・波照間 一九九七：一七二]。一九〇二年には那覇区、一九一五年には久米崇聖会に管理が移っている[平崎 一九九〇：四三一―四二二]。
⑧護国寺	一三六八年、波上宮の別当寺として頼重上人が創建、熊野三権現を祀る[外間・波照間 一九九七：二〇五―二一一]。一六世紀に日秀上人が再興している。海蔵院と同じく真言宗寺院である[平崎 一九九〇：四一五―四二〇]。
⑨波上宮本殿	琉球八社に数えられ、一七世紀より琉球王国の年中行事である「社参」の対象となった。明治期には官幣小社として位置づけられた[平崎 一九九〇：四二五―四二六]。例祭に合わせて開催される波上祭は現在も多くの参拝者でにぎわう。

前述のとおり、村御願は沖縄村落社会に一般的にみられるような豊穣儀礼の形態を呈する。一方で、若狭地域は同辺に寄留・定住した中国系移民が信仰する孔子廟、現在も沖縄県内で多くの信仰を集めている波上宮など、多様な信仰形態を呈する拝所が混淆した地域であり、巡拝にもこれらが取り入れられていることは特筆すべきである。

先述したように、これらの拝所は第二次大戦時の空襲で破壊され、さらに戦後の立ち退きにより祭祀も断絶したという特徴をもつ。そのためか、二〇一二年秋の村御願で巡拝した場所は一八世紀初頭に編纂された『那覇由来記』や先行研究にみられる拝所が中心であるが、逆に記録には見られるものの現在は巡拝の対象とされない拝所、大戦前後で以前の正確な場所がわからない拝所もある。現在村御願で巡拝される拝所は、地域出身でない戦

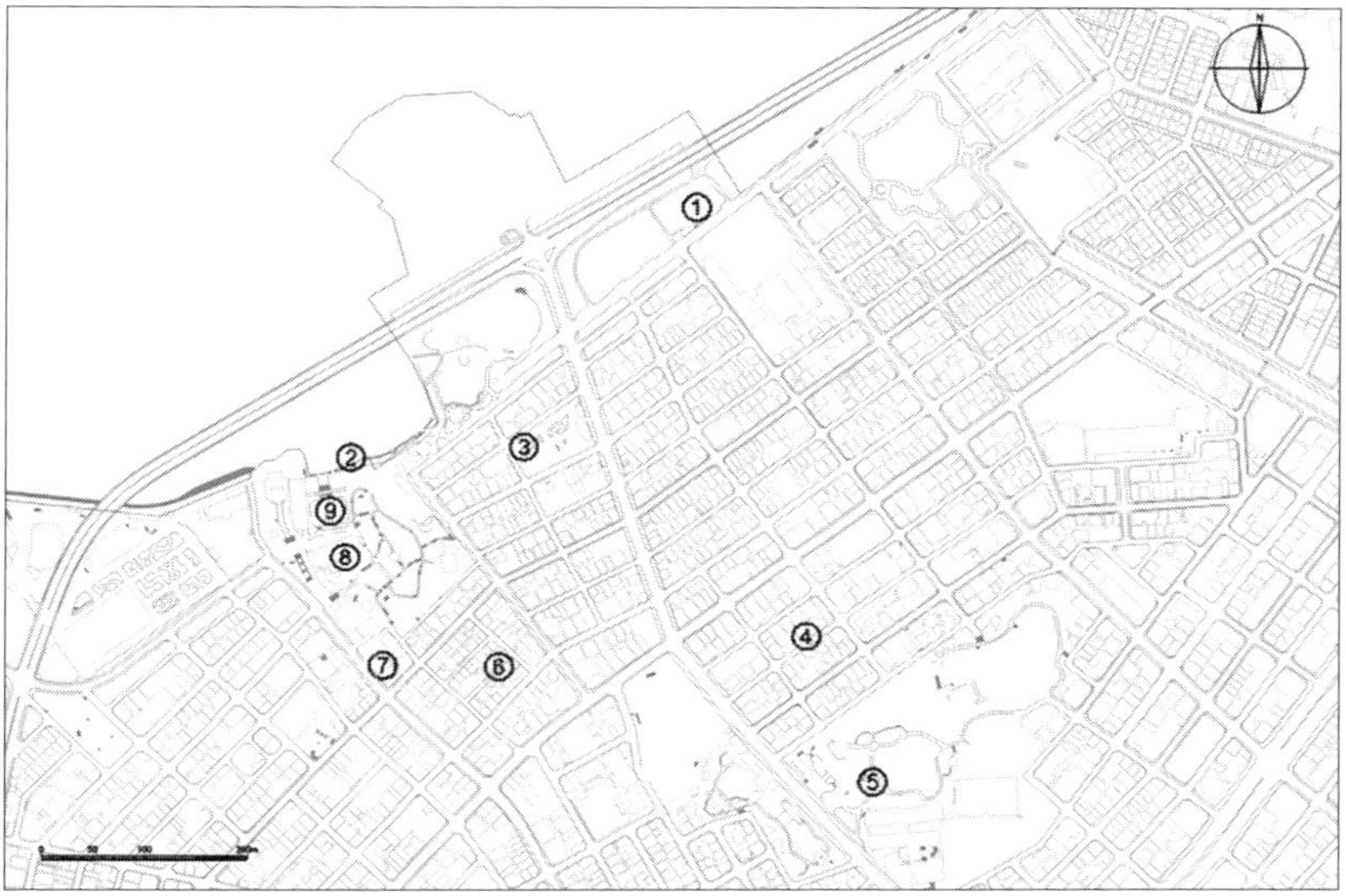

図③　若狭地域の拝所の位置（2013年現在は⑦孔子廟が久米地域内に移転）

後の有志が「カミンチュ」として再興したものであると両氏は語る。また①ユーノサチ、③シーサーヤーについてのMh氏の語りからわかるように、拝所に込められる意味合い・強調点も変化している可能性がある。

村御願では正式には前述の九か所の拝所をめぐることになっているが、二〇一二年一一月の秋の祭祀では①③④⑤⑧⑨の六か所のみを巡拝した。後述するが、これはSb氏によれば前回の二〇一二年春の村御願の際に九か所をめぐり終えるのに非常に時間がかかったこと、拝所によっては険しい階段を登らなければならない、また高齢の参加者には参拝が困難な足場が悪い場所に位置する拝所もあること、さらに司祭者を務めるMh氏が足が不自由であることから、自治会の判断で簡略化したためだという。

さらに、現在司祭者を含む参加者は、必ずしも地域共同体の文脈上から見出されるわけではない。とりわけ、戦後の若狭地域の司祭者は若狭地域の出身であることよりも、その時々によって「引き受ける人」であることが重視されるといい、現在カミンチュとして就任するMh氏も他地域の出身である（第六章参照）。少なくとも戦後の司祭者の選出には原則や規則性はみられず、Mh氏も「知らない」、「前の人（前任の司祭者）も名前くらいしかわからない」と語っている。また、若狭自治会が村御願を運営することについて、Sb氏は「昔はそんなふうに（地域が）とりしきっているというよりは、いつも（カミンチュの）生まれの人が主体になっていた」と語る[22]。

祭祀の簡略化とそれに対する運営側の考えについて、Sb氏の語りを紹介しよう。ここで注目すべきは、巡拝を省略する拝所が、場所や祭祀上での意味合いというよりも司祭者をふくむ参加者の身体状況を基準として決定されていることである。

拝みというのは若狭一帯でも九か所あるのですが、朝の一〇時から午後一時くらいまでかかる。というのは（各拝所間の）距離が離れている（からである）。そこまで歩いたりするし、お年寄りは足が遅いから、それくらいかかる。（開始する）時間は決まっているというか、九時は早いから一〇時にしたらどうかと（提案があった）。この辺りはホテル（を営む）の家庭が多いので朝は睡眠不足。前に九時にやったことあるでしょうけど、皆の話し合いで一〇時にしてくださいとあればそうしたりして。だんだんに世代が代わって、また考えも変わってきた。地域に住んでいる人が、戦前からそこに（住んでいる人だけじゃなくなって、いろんな人が入ってきた。だから考えも柔軟性をもって「じゃあこういうふうにしましょう」とあまりこだわらないようになって。

また、祭祀への参加については次のように語っている。

でも「戦前からの神様は、自分たちが拝まねばいけない」という心掛けだけはもっている人はいる。戦前から若狭に住んでいる人は、昔からの若狭の習慣を（もっているので）よその土地に行っても、自分のウブスナガミ（出身集落のカミ）のために拝みに来る人もいる。個人の信念の強さでもって、（拝みに）くる。（一方で若狭地域に）住んでいる人でも、宗教でもって自分は関係ないという人もいる。自分（Sb氏）たちは子どももここで生まれたし育ったし、年の御恩を出さないといけないという考えで自分から（御願に）入っていきますよね。しかし旧（暦）の四月一日、一〇月一日と（御願の日程が）決まっていても、案内がないから（御願に）入ってこない、という消極的な人もいる[23]。積極的に入ってくる人、引いてくる人いろいろですね。

沖縄の地域祭祀の維持・存続についてリーブラは、ヌルの高齢化やニーガミの家系の断絶のために共同体における儀礼の催行が不可能、あるいは衰微してしまった事例を報告している［リーブラ 一九七四（一九六六）：二〇三］。終戦後間もなくは沖縄の各地でこのような事態に陥る共同体が見られたが、今回の若狭村御願の形態の変化の原因は、リーブラがあげた事情による運営主体の変化に加えて若狭地域全体の高齢化と住民の性質の変化が影響している。

以上から、現在の若狭地域における地域祭祀の特徴は①地域に出自をもつもので構成される共同体というよりは、現在地域内に居住する老年者、とりわけ祭祀に関心が深く積極的にかかわろうとする女性老年者に担われる

写真㉘　シーサーヤーでの拝み

写真㉙　夷堂での拝み

写真㉚　ユーナノカーでの拝み

ようになっていること、②高齢化を背景として参加者の身体的都合に合わせた祭祀の縮小・簡素化や、司祭者の選出基準の緩和が自治会によってなされていること、の二点にまとめられる。現在の村御願では、共同体の承認のもと選出されるカミンチュから、地域内の婦人部――行政の管理にもとづく共同体――に祭祀を行う主体が移行している。さらに世代の推移にともない、村御願は地域の老年者、とりわけ祭祀に関心が深く積極的にかかわる女性老年者によって支えられることになる。その結果、整備されていない拝所や地域中を徒歩で回る若狭村御願は参加者の身体状況に合わせて簡略化されているのである。この事例は新たな祭祀形態の獲得傾向ととらえることもできるが、本章の論点において重要なのは、現在、地域祭祀の担い手としての老年女性の役割が、たとえばSb氏の場合は地域祭祀の担い手としての資質をもっていたわけではないように、必ずしも地域共同体の文脈上から見出されるわけではない点にある。

四　親族関係の変化

移住第一世代の辻・若狭地域への定住化と高齢化は、親族関係のありかたにも影響を及ぼしている。ここではその一例として、二〇一二年に宮古出身者SG氏・St氏夫婦宅で行われた旧盆の様子について記述し、歴史的要因と母村から那覇への移動という地理的要因から生じた親族祭祀の変化と親族関係の現状を指摘する。

SG家の二〇一二年の旧盆は、家族四人が祖霊である「カミサマ」を迎えることから始まった。初日に当たるウンケーでは、玄関脇に祖霊が足を洗うヤスルパグ[24]を置き、玄関口でヒラウコーを一五本焚く。SG氏宅

写真㉛　ヤスルパグ（ソーローボーキ）

は四階建てで、玄関は二階にある。一階は数年前に死去したSG氏の父の部屋、三階、四階はそれぞれ未婚の娘、息子が居住している。宮古ではウンケーの日は墓地まで祖霊を迎えるのが慣例で墓地に出向いた子どもはヒラウコーに火をともし、急いで家に戻ったという[25]。しかしSG家の墓は宮古にあるため、現在の住居では祖霊を迎えに出るのは二階の玄関先までである。

「お迎え」したヒラウコーをSt氏が仏壇前の香炉にさし、合掌する。宮古の家屋の配置を考慮して「二の

座」にしつらえられたという仏壇〔26〕には、サトウキビ、パイナップル、スイカ、メロン、その他いくつかの果物、花、膳が供えられている。膳の内容はウンケージューシー、モズク、アーサと鳥肉のテンプラ、中身汁、切干大根の煮物である。ジューシーを供えることは宮古居住時にはなかったというが、「こちら（那覇）に来て皆が『ウンケージューシー』といってやっていたので、（それにならって）やるようになった」とＳｔ氏はいう。ジューシーの具や膳の内容にはとくに決まりはないという。

ＳＧ家には現在、五人分の位牌が置かれている。ＳＧ氏の両親、祖父母、そして夭折した長男のものである。遺影は飾っておらず、これについてＳｔ氏は「おばあちゃん（ＳＧ氏の祖母）の代からそうだから。（遺影の数が

写真㉜　ウンケーの日のＳＧ家の仏壇

写真㉝　ウンケーの日に仏壇に供える膳

写真㉞　ウークイの日に仏壇に供える重

多く）いっぱいになっちゃうからじゃないかな」と解釈している。St氏は日常の仏壇の世話も「おばあちゃんのしていたとおりにやる」ようにしており、以前と変わったこととして思いつくのは、位牌の数分用意していた膳を祖母の代にひとつにしたこと、宮古にいたころは膳や供え物に使われるかまぼこや豆腐、味噌、酒、塩を自宅で生産していたが、現在も味噌は作っている〔27〕ものの、餅やかまぼこ、豆腐などは商店で購入していることくらいだという。果物は、宮古にいたころはバンシル（グアバ）、アダンの実、シークワーサーを山に取りに行ったが、現在はリンゴやブドウなど市販のものを用いている〔28〕。その他の料理は、最低限度のもの以外は現在もすべて自分で作るのだという。

二日後のウークイには家族四人に加えて婚出したSG氏の妹二人とその夫二人も集まった。それぞれ那覇市内、および近郊の市に居住しており、夫は二人とも長男であり自宅に仏壇をもっているため、例年は訪れないという。また集まった妹夫婦二組のうち、二人が宮古市平良、二人が宮古市下地から移住している。

仏壇には果物と、膳の代わりに重箱二段と餅が供えられ、またナカヌヒ〔29〕にもち寄られたと思われる中元の品が仏檀脇に供えられている。和やかな雰囲気の中、ウークイの準備が始められる。この年は私と、それぞれ自宅に仏壇をもち親族を待たせているという兄弟夫婦の都合もあり、例年より早い時間に開始された。

まずSG氏の息子がウチカビを焼く。できるだけたくさん焼くのが良いとされており、専用の容器と箸を用いて大量のウチカビを焚き上げる。その後、供え物をそれぞれ一切れずつアルミホイルの上に取り分けるウイトゥリを行う。旧盆中ともされていた香が消えた後、ウイトゥリした供え物と花、茶、酒、新しい香がともされた香炉、ウチカビを焼いた容器をもち、家前の道路まで出て、道路横の自宅駐車場にそれらを置く。その際、仏壇に

写真㉟　ウチカビを焼く様子

写真㊱　ウイトゥリ

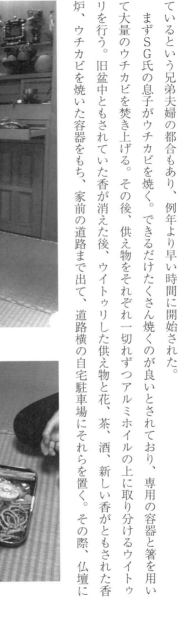

供えられていた茶と酒はウチカビを焼いた容器にあけ、改めて淹れなおす。全員で合掌し、ウークイは終了する。

その後、妹夫婦らは自宅でウークイをするため、急いで帰宅した。またSｔ氏は香の火が消えるまで香炉の脇に立っていた。

写真㊲　ウイトゥリされた供え物を家の前に並べる

写真㊳　家の前で祖霊を送る

SG氏宅の事例を中心として、ほかの移住者から聞かれた現住居での親族祭祀の様子からは二点の変化を見出すことができる。

ひとつは、移住先の慣習に合わせて膳にウンケージューシーを加える、供え物をアダンからパイナップルに変化させる、重箱を仕出しのオードブルに変更する、などの現住地に合わせた変化である。しかしながらこれを簡略化と断言するのは難しい。戦後の各種祭祀の簡素化傾向は、先に紹介したリーブラによる調査でも報告されている。その背景についてリーブラは「戦争のおかげで沖縄が完全な貧困状態に陥り、無一物になったため、否が応でも節約を余儀なくされた事」〔リーブラ　一九七四（一九六六）：九一〕を理由にあげている。しかしSt氏らは、父母や祖父母が行っていた祭祀や儀礼と比べて、社会状況や居住空間の推移に合わせた変化があると認識しつつも、現在のやりかたが決して簡略化しているとは考えていないのである。したがってこの変化は簡略化とするよりは、祭祀の形式の変化を肯定的にとらえ、意味付けを行っているとみなすべきだろう。

また、土地やそこの共同体と接点をもつ要素を移住先でも継続させることは現実的ではない。たとえばSt氏の出身集落では旧盆時期に集落内を練り歩くツクブトゥーや、ウークイの時間に子どもたちが集落を回り、「そろそろカミサマを送ってください」と声をかけて回る習慣があったとSG氏らは語る。子どもたちの目当てはウークイの際に出される供え物であり、合掌している家人の横からそれらをとり、食べるのが楽しみであったという。「（供え物は）とり合い、奪い合い。たまに朝まで寝過ごしたりした時は本当に残念だった」と懐かしみながらも、これらは現住居周辺では行われていないし、出身集落でも現在は実施されていないとつけ足した。SG家のようにウンケーの際に祖霊を迎えるために玄関口で香をたく行為は母村を離れたことを理由とした変化の一例であるし、同様に移住を契機として、墓での祭祀も縮小される傾向にある。移住のために墓地を訪れることが困難になったり、本島に墓を移転したとしても公営・民営の霊園を利用することになる〔30〕ので、移転した墓までの移動時間および交通手段を手配する手間が発生するからである。

さらに、子世代が独立し、親世帯と別居するという世帯構造の一般化は親族同士の居住地の分散をうながしている。とくに、辻地域に居住する老年者の子世代・孫世代は、就業のための別居、とりわけ本土に就労先を求める傾向が強く、祭祀にあっても本家に集まることが困難になっている。またSG家のように移住を契機として兄弟同士の住居が地理的に離れるケースもしばしばみられる。さらにアパートの一室など、住居の構造によっては親族が集まって祭祀を行うことが困難となることも想定される。結果として、親族祭祀にあたって親族が集まることは今後少なくなっていくと考えられる。

五　小結

現在の辻地域では、移住第一世代の高齢化・定住化によって郷友会は形骸化し、その子世代である壮年層や青年層が辻地域から他地域へ移り住んでいく傾向がもたらす地域の高齢化によって自治会組織も成員の結束を支え得るような状況にはない。また辻に「根」をもたない住民の増加によって、共同体に支えられる地域祭祀の形態や性質も変化している。さらに移住にともなう墓地の移転および公営・民営の霊園利用によって母村とのつながりは薄れ、子世代の別居によって帰省の機会は減少し、祭祀をきっかけとした親族関係は希薄になっている。以上の点から、現在の辻地域では、沖縄的な老いの根拠となる社会組織や社会的役割がゆらいでいることが予想できる。

それでは現在、老いはどのように見出されているのだろうか。この問いに対し、第五章では福祉制度が提供するサービスを利用する老年者の事例を、第六章ではサービスを利用しない老年者の事例を取り上げ、現在の辻地域の老年者がどのような老いに直面し、どのように対応しているのかを検討していく。

［1］国勢調査で発表された那覇市の人口および世帯数を一九九五年と二〇〇五年とで比較すると、人口では約一万五〇〇人（三・五%）、世帯数では約一万八一〇〇世帯（一七%）増加。単身世帯、生活保護世帯も増加傾向にある。

［2］三丁目は埋め立てによって造成された地区であり、港湾整備や工場用地として当てられているため、住宅はない。

［3］さらに孤立老年者や貧困老年者世帯も多くみられるが、これは第五章で詳述する。

［4］建築物の老朽化は那覇市でも問題のひとつとしてとらえられている。たとえば、那覇市内の市営住宅に限っても二三団地（約六六〇〇戸）のうち四四%を占める八団地（約二九〇〇戸）が耐用年限の半分とされる築年数三五年を超えており、二〇一四年時点で、石嶺・久場川・識名・宇栄原の四団地約二七〇〇戸の建替え事業が行われている。加えて東・田原・若松・樋川団地の老朽化はかなり進行しており、早急な対応が求められている。しかしながら、財源の確保や事業期間短縮検討の必要性もあり、市営団地についても建築物の老朽化問題とその改善には依然時間がかかるようである［那覇市 二〇〇八］。

［5］一方で、入居条件を設定することで老年者を入居させない住居もあり、那覇市の調査では入居を希望する世帯が老年者単身・夫婦であっても「入居可」である賃貸の住居が約三七%、「条件付入居可」が約五一%、「入居不可」が約一二%である。そのため高齢者などの入居を拒まない住宅登録制度である「あんしん賃貸支援事業」の採用も想定されている［那覇市 二〇〇八：一六］。

［6］これをふまえ二〇一一年度に若狭地域で開催された地域フォーラムでは、景観への配慮不足、一般に開放されている海水浴場や公園のごみや路上生活者の増加、また道幅の狭さから歩道が確保されていない場所が多いことなど、地域住民の不満が多くあげられた。その中心は、ホテルや風俗店が雑多に建設された景観の悪さを「恥」とするものであった。

［7］望郷心から母村へのUターンを望む宮古出身者は、そのための土地や墓地を母村に残していることが多い。一方で、宮古へのUターンを志向している人数は全体の一割に満たず、帰郷にあたって家族の同意が得られない場合もあるという調査結果もある［小林、後藤 二〇〇〇］。

［8］カミンチュやユタのような霊的資質ではなく、易、暦の知識によって判断を出す者を指す。

［9］この「お願の坂」は現在の松の下拝所前、「チージの軸」は松の下拝所内に位置すると考えられる。

［10］現在のシシ面とミルク面は戦後つくられたものであるといい、それ以前の面については「アメリカの兵隊が戦利品としてもち帰った」（実行委員長）と語られた。その裏付けとして、アメリカの博物館に保管されているシシの面の映像を見たことがある、と実行委員長は付け足した。その風貌は現在の立体的なものとは異なり前面（鼻づら）への隆起部分が少なく、また口や目も大きく、まるで異なるものだったという。また現理事長は「十・十空襲がくる前におばぁたちは山原（沖縄本島北部）に逃げたが、その時に大事なものは洞窟の奥に運び、タライをかぶせていった。（辻に）戻ってきてから見に行くと、タライだけが残っていた」というエピソードを教えてくれた。いずれにせよ、これらの面が辻遊郭内に残されたまま十・十空襲の被害を受けなかったと考えるのは困難であり、現在の面は戦後失われた面を復元したものと考えられる。

［11］シシについては、辻遊郭内の「シシヤウタキ」で管理されていた時期もあるという。実際、松の下拝所で面を一括管理をすることになった際にシシを移転したという記念碑が残されている。

［12］近隣の三か所の民間通所型介護施設が設置している。この施設の対象は基本的に要介護者であるため、並べられた椅子や車椅子に座りながら、スタッフと共に松の下拝所前で奉納されるジュリ馬を見学していた。

［13］屋外での祈願のために用いられる、携帯用の祈願道具。酒瓶と盃、米や塩などが収められている［石川 二〇〇八］。

［14］沖縄で広く祭祀に用いられる、黒色で平たい形状をした香。一枚（一平）に五本の筋が入っており、六本の線香が集まったものと考えられている［森田 二〇〇八］。

［15］二〇一三年はシシとミルクは順拝に同行しなかった。後日確認したところ、「景気が悪いときは（予算面から）人員が不足しているのでシシとミルクはださない。最近はだしていない」という回答を得た。

［16］松乃下料亭跡地は現在、建物を改築し入所型福祉施設となっている。運営主体は次章でとりあげる辻老人憩の家の指定管理を受ける福祉法人である。

［17］総じて見物客は本格的なカメラを携えており、場所によっては個人宅の敷地内や塀の上、崖の上から熱心に撮影を行おうとする。拝み自体だけでなく近隣への迷惑、ときには安全面で問題となっているようにも感じられる。

［18］フェミニズムの論上だけでなく、琉球王府時代に辻遊郭に下賜されたという王冠、ジーファー（かんざし）やミルク面・シシ面の真正性や所有権なども政治的問題として現れる。しかし、これらを扱うのは本書の課題設定からは脱線するため、別の機会に譲る。

［19］また、高齢化によって戦前の辻遊郭をじかに知る者がほとんどいなくなっていることにも留意すべきであろう。

［20］『球陽』附巻二・尚貞王五年の条。

［21］拝所を含む土地にマンションやホテル、工場などが建設されているケースは若狭地域周辺でも増加していると地域住民は語る。こうした拝所は土地所有者によって管理されるのがほとんどだという。

［22］運営体制の変化は予算面にもみられ、現在は自治会が徴収する各家庭からの五〇〇円の年会費によって運営が賄われている。

［23］祭祀の前になると地域内の掲示板に案内のポスターを掲示するが、自治会としてはとりたてて参加の呼びかけはしないという。

［24］沖縄本島ではソーローボーキと呼ばれる。メドハギの枝先でつくられた箒で、家を訪れた祖霊が足を洗うために用意する。

［25］急いで家に戻るのは、ヒラウコーを右手から左手にもち替えても火が消えても「カミサマが驚いて逃げてしまう」ためである、とSG氏の妹は笑いながら語る。

［26］二の座に仏壇がおかれるのは、居住する家族が食事などをするのがここであり、祖霊が共に過ごせるようにとの配慮であるという。SG家の仏壇は家を建てた際に作りつけられたものであり、天井部にライト、換気扇が設置されている。

［27］味噌を自宅で作るのは現在では非常に珍しい、とSt氏の同郷出身の友人は語る。

［28］アダンの実の代わりにパイナップルを供えるようになった理由は、ウークイの際に集まった親類によれば「見た目がぶつ

ぶつして似ている」からだという。

［29］ウンケーとウークイの間にあたる日で、親族間で各家を訪問し、挨拶をする日にあてられる。

［30］第三章で紹介したＭｙ氏の事例を参照。

第五章　社会福祉と老い

従来の沖縄社会において、老年者は老いに対する諸々の価値観と社会的役割をとおして社会に包摂されてきた。しかし、地域の特殊性と第二次大戦および高度経済成長以降の急速な社会変化を経験してきた辻地域においては、老いのそうした背景は見出しにくくなっている。さらに、親族や地域共同体での老年者扶助機能を補うように導入された近代福祉制度という新しい老いのシステムも介入している。

本章では、現在の辻地域における老いの可能性として、まず近代福祉が規定する新しい社会的老いとのかかわりから検討したい。本章で取り上げるのは、辻地域に設置されている高齢者福祉施設「辻老人憩の家」とそこで実施されている社会参加型の福祉サービス（以下、参加型サービス）である。以下、活動内容を追いながら、新しい社会的老いの現場における老年者のふるまいについて記述していく。

一　那覇市の社会福祉

事例に入る前に、現在の高齢者福祉の目的、その枠内で提供されている参加型サービスの理念と実施状況を確認しておく必要があるだろう。ここで主に取り上げるのは、沖縄県および日本全体の福祉理念であるが、那覇市の政策方針もこれにしたがう形で展開されている〔1〕。

参加型サービスの理念――社会参加の推奨

沖縄県では二〇〇六年、今後の高齢化率上昇を見据え、老人福祉法にもとづく「沖縄県老人福祉計画」、老人保健法にもとづく「沖縄県老人保健計画」、介護保険法にもとづく「沖縄県介護保険事業支援計画」の三つの計画を一体とした「沖縄県高齢者保健福祉計画」を作成した。これは「沖縄振興計画」の個別計画であり、「健康おきなわ2010」「沖縄県保険医療計画」などの県のほかの関連計画と連携し、また市町村の策定する高齢者保健福祉計画との調和のためのサービス基盤の整備方針や人材の確保の方策などを策定するものである。

第四章で取り上げたとおり、那覇市および辻地域の高齢化は年々進行している。このような状況に即し、那覇市健康福祉部は「今後予想される超高齢社会にあっても、活力に満ちた社会を築くために、活動的で生きがいに満ちた『活動的な八五歳』をめざし、高齢者の豊かな経験と知恵を活かす機会を確保していくことが重要」［那覇市健康福祉部／ウェブサイト］であるとの目標を掲げている。また二〇〇六年度より「なは高齢者プラン」（～二〇〇八年度）を策定し、高齢者の意見・要望をふまえた総合的な計画を進めている。その理念は「高齢者の自立支援」であり、「支えあい　私らしく　ちゃーがんじゅう（大変元気に）」であり、高齢者を支援する取り組みの全体像がプランの冒頭に明示されている。また同年「第三次那覇高齢者プラン」として、近年の新都心地区の開発にともない人口が増加する一方で高齢化率はさらなる上昇を示していることや、後期高齢者の比率が増加傾向にあることに応えるための①介護保険事業、②在宅福祉サービス、③福祉施設の設置、④その他の事業、の四点について計画を提示している。その根幹は高齢者の生きがいの獲得や自立であり、現在の日本の政策方針にしたがうものである。本章で取り上げるのは②在宅福祉サービス［2］に含まれるデイサービスと、同様に在宅高齢者を対象とした趣味講座である。少々冗長かもしれないが、これら参加型サービスの展開を日本の福祉方針の変遷から確認しておく。

戦後、多くの貧困者への対策を基軸として開始された社会福祉制度のうち、高齢者のための公的保障は厚生省による保険、年金などの経済的基盤、入所施設の整備が中心であった。しかし、高度経済成長期の到来によって戦後の混乱が克服されると、社会福祉制度はより一般的な「社会的弱者」へと対象を拡大し、世間では経済的な豊かさだけでなく精神的な豊かさが求められるようになる。このなかで、「いかにしてより豊かな老後を生きるか」［黒岩 二〇〇一：二四九］ということへの関心が強まっていく。

この関心を受け、日本では一九六五年に国が市町村に委託する形で高齢者学級事業が、一九七一年には高齢者学習推進事業が実施される。さらに一九七三年の高齢者教室事業では「高齢者がその年齢にふさわしい社会的な力を高めるために、趣味、教養、体育、レクリエーション等に関する学習を行う」［黒岩 二〇〇一：二三三］ことが目的とされた。総務庁老人対策室はこの事業理念を「老年期は、人生で最も自由な時間に恵まれている。したがって、高齢者のこれまでの豊富な経験と能力を活用する施策を講じれば、それが社会資源の活用となり、かつ高齢者の生きがいを高め、ひいては高齢者の心身の健康や、円満な家庭生活の維持に資することになるのはいうまでもない」［総務庁長官房老人対策室 一九八四：一一二］とし、老後生活を「心身の健康」と結びつけることができる機会の提供や環境の整備の必要性を明示している［3］。これ以降、高齢者福祉の文脈において社会参加が盛んに推奨されるようになる。

一九七九年、厚生省は高齢者の新たな活動の場の提供として「生きがいと創造の事業」を起こした。以降、経済企画庁による「高齢者の新しい社会参加活動を求めて」（一九八三年）、文部省による「高齢者の生きがい促進総合事業」（一九八四年）が、高齢者教室事業をはじめとしてボランティア要請や人材活用、若い世代との交流などを含む、総合的な事業として実施された。「ボランティア活動をすることで社会参加をし、『生きがい』をもつことができるというプラス面」［黒岩 二〇〇一：一三〇］をこれらの事業は強調する。また、一九八九年のゴールドプランにもとづく「高齢者の生きがいと健康づくり推進事業」は、退職後の余暇を活用した積極的な社会参加をあらためて提唱した。

九〇年代後半以降になると、旧来の画一的高齢者像の見直しと「多様」「自立」という新しい高齢者像が提供された。とくに二〇〇一年に制定された「高齢社会対策基本法にもとづく新しい大綱」では、「多様なライフスタイルを可能にする高齢期の自立支援」に関する政策研究と具体的な支援策の必要性が打ち出された。『平成一八年度版高齢社会白書』第三節では「今後、我が国の活力を維持・増進していく上で、高齢者自身が、高齢社会の担い手の一員として、能力や経験をいかしつつ、一層活躍できるような社会を実現していくことが不可欠である」［内閣府 二〇〇六：七三］とし、年齢にかかわりなく就労を通じて能力を発揮できるようにし、公正な処遇を受けることができるようにすること、また活動機会の拡大や情報提供の強化など、高齢者がもつ社会参加への意欲を具体化するための取り組みを強化していくことが必要であるとした［内閣府 二〇〇六：六一―七六］。つまり、参加型サービスは高齢者の社会参加を推奨するという方針にもとづき、彼らの社会内コミュニケーションの充足および拡大ツールとして活用されることを想定して実施されているのである。ここで着目されるべきは自主的な社会関係の構築の必要性の強調である。

また、六五歳以上の「高齢者」の増加により、従来的な保護的サービスの提供という形での福祉の存続が困難になった一方、介護を必要としない高齢者が増加していることは、「高齢者の能力の社会への還元」だけでなく介護予防への政策関心を高めることとなったこと、それまでのサービスにおいて常に受動的な存在として設定されてきた高齢者像とは違う、「主体性」をもった高齢者像が求められるようになったことも重要である。参加型サービスの意図するところは、「行政が想定する」高齢者の社会参加をとおしての社会ネットワークへの再包摂であり、その一環として参加型サービスが設定されているのである。

那覇市が提供する参加型サービスの問題点

那覇市では現在、各地域の公民館や自治会集会所などの市および地域が設置する施設の他に、市が設置し運営主体を指定管理団体とする老人憩の家および老人福祉センターで参加型サービスを提供している［4］。那覇市では二〇〇四年に指定管理者制度を導入、二〇〇五年五月に「指定管理者制度導入に関する指針」を策定し、二〇〇六年度よりこの指針にもとづいた運営を実施しており、各施設の運営やサービスの指導は委託を受けた指定管理団体である那覇市社会福祉協議会（以下、社協と表記）が担っている［5］（次節図④）。

都市部に位置する那覇市では、定年退職により社会労働から解放されながらも依然として活動的な老年者が労

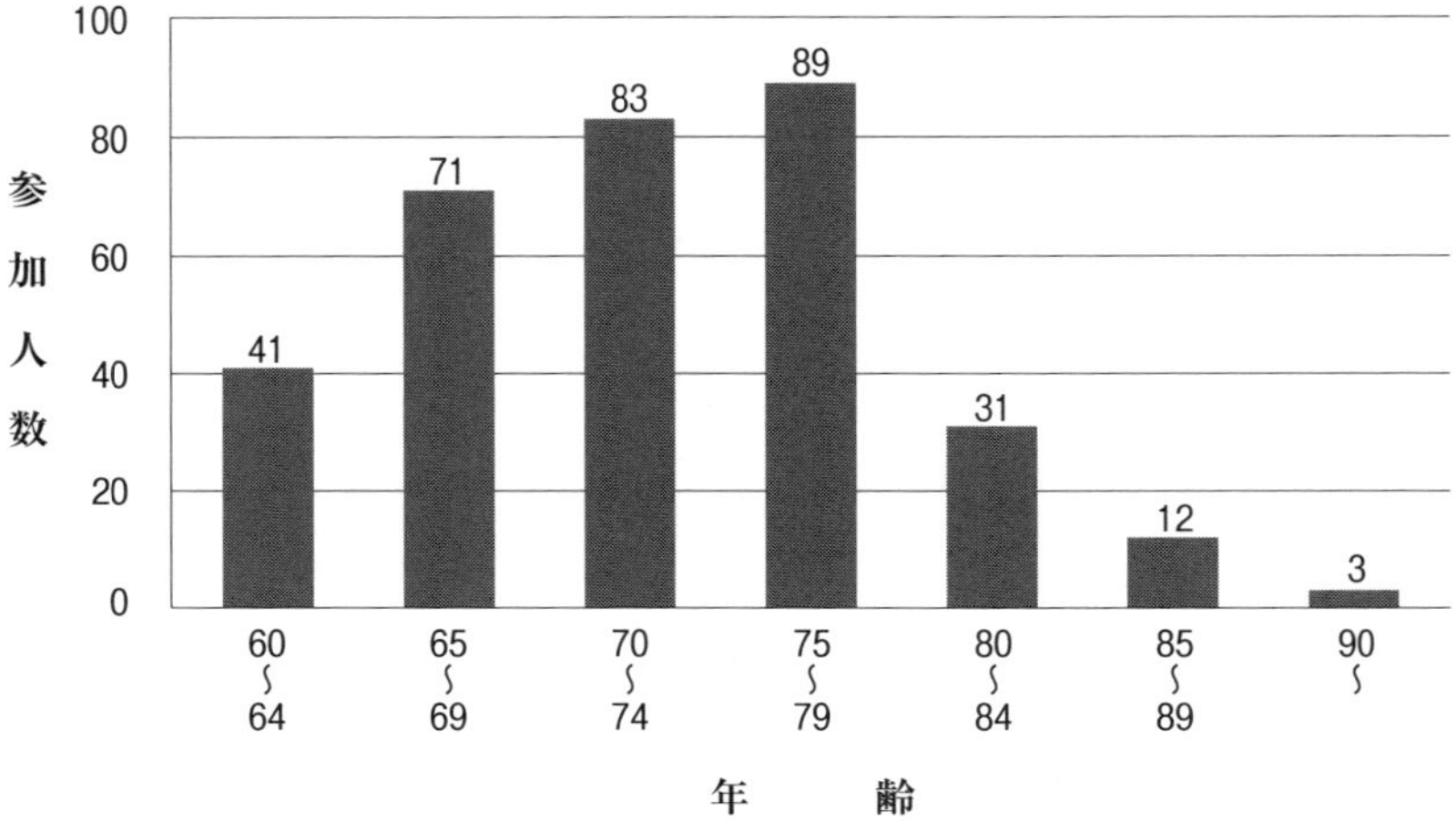

グラフ④ 「辻老人憩の家」年齢別利用者状況（2008年）

働――たとえば農業や漁業――に従事することは困難である。そのため、参加型サービスの推進は、彼らへの社会参加の場の提供という点で効果的であると考えられる。さらに、参加者一人一人に対する血圧測定や健康に関する講話の時間を設けることで、介護予防の目的に沿った地域老年者の健康管理の機能を果たすことも期待できる。しかしながら、参加型サービスの提供にあたっては、いくつかの問題が浮上している。そのひとつが、参加者の獲得と各施設の受け入れ態勢にかかわる問題である。

たとえば、介護予防という目的にあたり、参加型サービスの対象年齢は六〇歳以上に設定されているが、現状では六〇代前半のサービス参加者は少なく、調査対象となった辻老人憩の家の利用者の平均年齢は約七一歳である（グラフ④）。この要因として社協では、①サービスの内容が高年齢向けになっていること、②参加年数を経るにつれグループ化が進み新規層が参加しづらくなること、③「老人ばかりのところに行ったら自分も年をとってしまう」（非サービス参加者七〇代男性）という声もあるように、「老人」と名のつくサービスに参加するのはためらいがある点をあげている。これらの問題に対して社協では、自治体へ委託する形での広報の配布のほか、スーパーマーケットや銀行へのチラシの掲示依頼、新聞広告などで参加者の増加を図っている。この周知をきっかけとした新規参加者は老後に趣味を求める六五～七〇歳が多いが、参加者の全体数からみるとその割合は圧倒的に少ない。また、新規参加者の獲得やサービス対象層の増加に対応するため、サービス拠点を増やす希望も上がっているが、拠点設置にあたっての事前調査の必要や、スタッフや有償ボランティアなどの人員的問題など予算面での課題も大きく、早急な対応は困難であるのが現状である。

二　辻老人憩の家

続いて、辻地域における参加型サービスの活動実態をみていこう。辻地域では、市営住宅の一階・地下一階に設置された「辻老人憩の家」において各種の参加型サービスが実施されている。辻老人憩の家の開所は一九九一年一〇月であり、二〇〇八年現在の職員は所長一人、相談員二人の計三人である。

開所当時は予算が十分ではなかったため、那覇市役所退職者で構成された那覇市市友会が援助を行った。市友会員の中で講師資格をもった者が講師を担当、講師料を受講者負担とし、一九九二年七月に趣味講座を開講した。一九九四年一〇月一日には開所三周年を迎えたが、男性参加者が全体の二〇％と少なかったため、特別講座としてグランドゴルフを開催し、男性参加者の増加を図った［6］。また、辻自治会や辻老人クラブの協力もあり、一九九六年の開所五周年では若狭公民館で祭を開催した［開所10周年記念行事実行委員会 二〇〇二］。現在、趣味クラブは市による委託金で招聘された講師が指導を行う「講座（教室）」と、参加者の自主運営による会費制の「同好

2008年度	2012年度
教室（講座）	
コーラス教室	コーラス講座（隔週）
筋力トレーニング（隔週）	こつこつ筋トレ（隔週）*
三線入門講座	三線入門講座
社交ダンス教室	社交ダンス講座
太極拳教室（隔週）	すこやかボール体操（隔週）*
真向法体操教室	フラダンス講座
リフォーム講座	真向法体操講座
レク体操講座（隔週）	民踊レク講座
地域見守り防犯隊（隔週）	リフォーム講座
	レク体操講座
	琉舞講座
	はつらつ棒体操*
	のびのびチューブ体操（隔週）*
同好会	
囲碁同好会	囲碁同好会
久米婦人カラオケ	久米カラオケ
カラオケ同好会	カラオケ同好会
G. ゴルフ同好会（隔週）	G. ゴルフ同好会（隔週）
三線クラブ同好会	三線クラブ同好会
三線上級同好会	三線上級同好会
自分史（隔週）	書道同好会
書道同好会	太鼓同好会
日舞同好会	日舞同好会
宮古舞踊同好会	宮古民踊同好会
宮古民謡（三線）	宮古民謡（三線）
民謡レク教室	舞踊曲同好会
友輪会同好会	友輪会同好会
琉舞教室	わくわく短歌同好会（隔週）

表④　辻老人憩の家での趣味クラブ一覧
（＊は指定管理の変更にともない、福祉法人から講師を招聘している運動系の講座）

会」がある。これらは囲碁、カラオケ、民踊、三線、琉舞、フラダンス、書道、各種体操など、趣味志向のものと健康志向のもので構成されている［7］（表④）。希望者の減少によって他のクラブと統一されたり、なくなってしまうものも少なくなく、毎年度新しい趣味クラブが提案されている。

先にみたとおり、現在の施設利用者層は七五歳未満の前期高齢者が中心である（グラフ④）。近年は一部講座

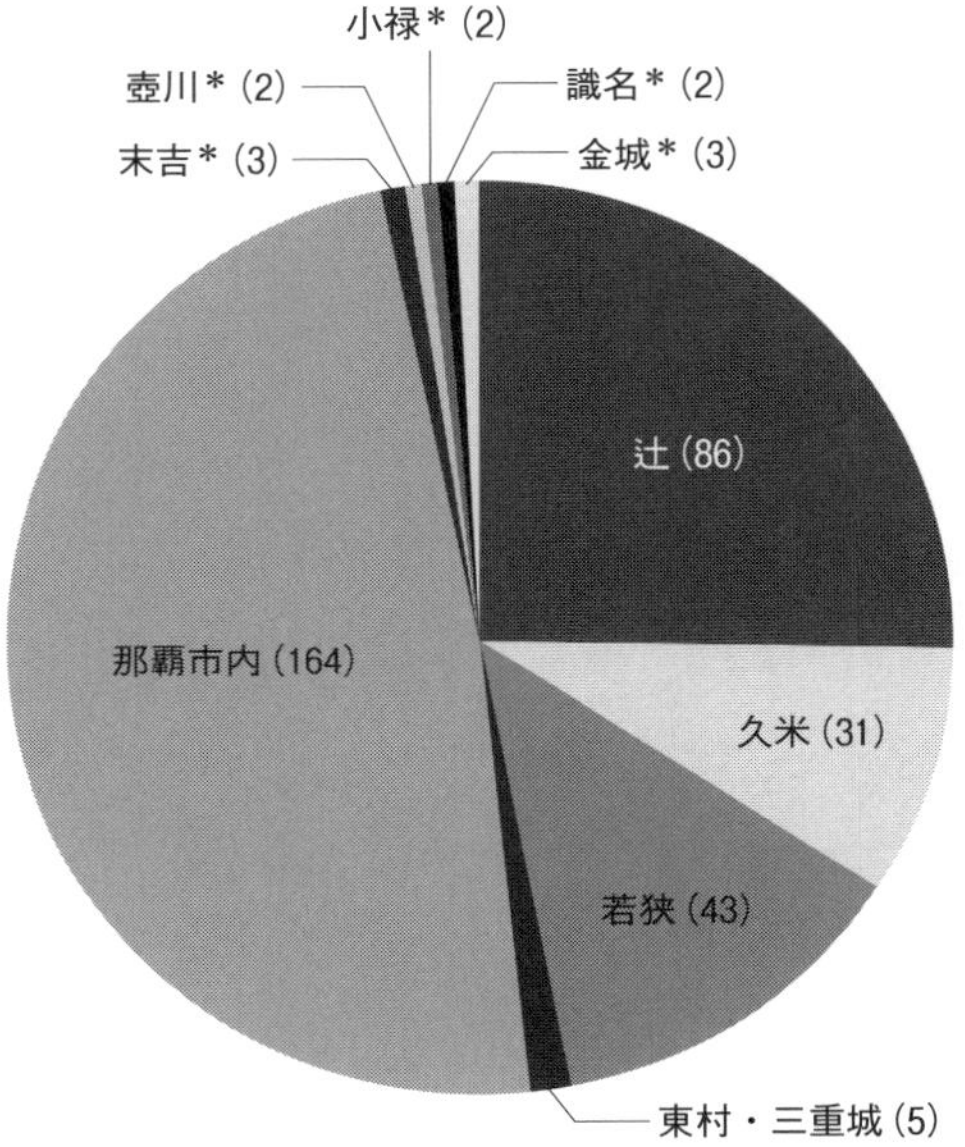

グラフ⑤　「辻老人憩の家」全利用者の居住地（2008年、＊は老人センター・憩いの家がある地区）

の会員減少もみられるが、全体の利用人数は増加傾向にあり、二〇〇八年度から二〇〇九年度で五五人増加している。そのほとんどが既に何らかのサービスを利用している者に誘われた友人であり、憩の家職員は「やはり友達が誘うと来やすい」と語る。辻・若狭などの施設近隣以外、さらには既に老人福祉センターや老人憩の家が設置されている地域からも辻老人憩の家でのサービスを利用しに来る者も多くみられる（グラフ⑤）。この理由を尋ねたところ、以前に辻・若狭地域に居住していたため、辻・若狭地域に居住する友人に誘われたため、という理由が多く聞かれたが、辻で開催されている趣味クラブの講師の指導をうけるためであるとする回答もあった。

辻老人憩の家は、健康増進室、会議室、談話室、大広間などの各種講座・同好会が行われる個室に加えて、男女別の浴室設備を備えているが、現在は予算の都合上入浴サービスは行われていない（二〇〇八年時点）。また、先に述べたように、とくに趣味クラブには那覇市全域から参加者が集まるため、指定管理団体が参加者のための福祉バスを運行している[8]。

三　デイサービス

ここからは、参加型サービスの理念がどのように現場に反映されているか、それを受けて現場や老年者はどのようにサービスを提供・活用しているのかを検討していく[9]。このうち趣味クラブは個人的に参加・不参加が選択できる点で共通するものの、市からの援助がある講座と、参加者が自主的に発足させ運営する同好会とでクラブ自体の性質が異なる。そのため、デイサービス、講座、同好会をそれぞれ取り上げ、参加者の取り組み方の違いを示していく。また、最初に取り上げるデイサービスでは、現場での運営ボランティアをつとめる民生委員[10]や自治会関係者の活動も含める。

地域ふれあいデイサービス事業（以下、デイサービス）は、一九九八年五月より那覇市独自の福祉サービスとして開始された。二〇〇五年からは社協が那覇市より同事業を委託され、二〇〇八年には市内八六か所、二〇一〇年には九九か所での開所を実現させている。デイサービスは地域の公民館・集会所などを利用し、社協から派遣される看護師・レクリエーション指導員（以下、レク指導員）を中心として、民生委員を代表とするボランティアとともに「高齢者の健康づくり、生きがいづくり、仲間づくり等を支援する」活動である。主な内容は看護師による血圧測定や健康相談、健康体操・踊り・歌などのレクリエーションであり、とくにレクによって参加者同士のコミュニケーションの促進をはかっている[11]。なお、「辻老人憩の家」は二〇〇九年四月一日をもって指定管理主体が福祉法人に移行したが、デイサービスは引き続き社協によって運営されている。

辻老人憩の家では隔週水曜の一四時から一六時までがデイサービスにあてられる。辻老人憩の家の趣味クラブ

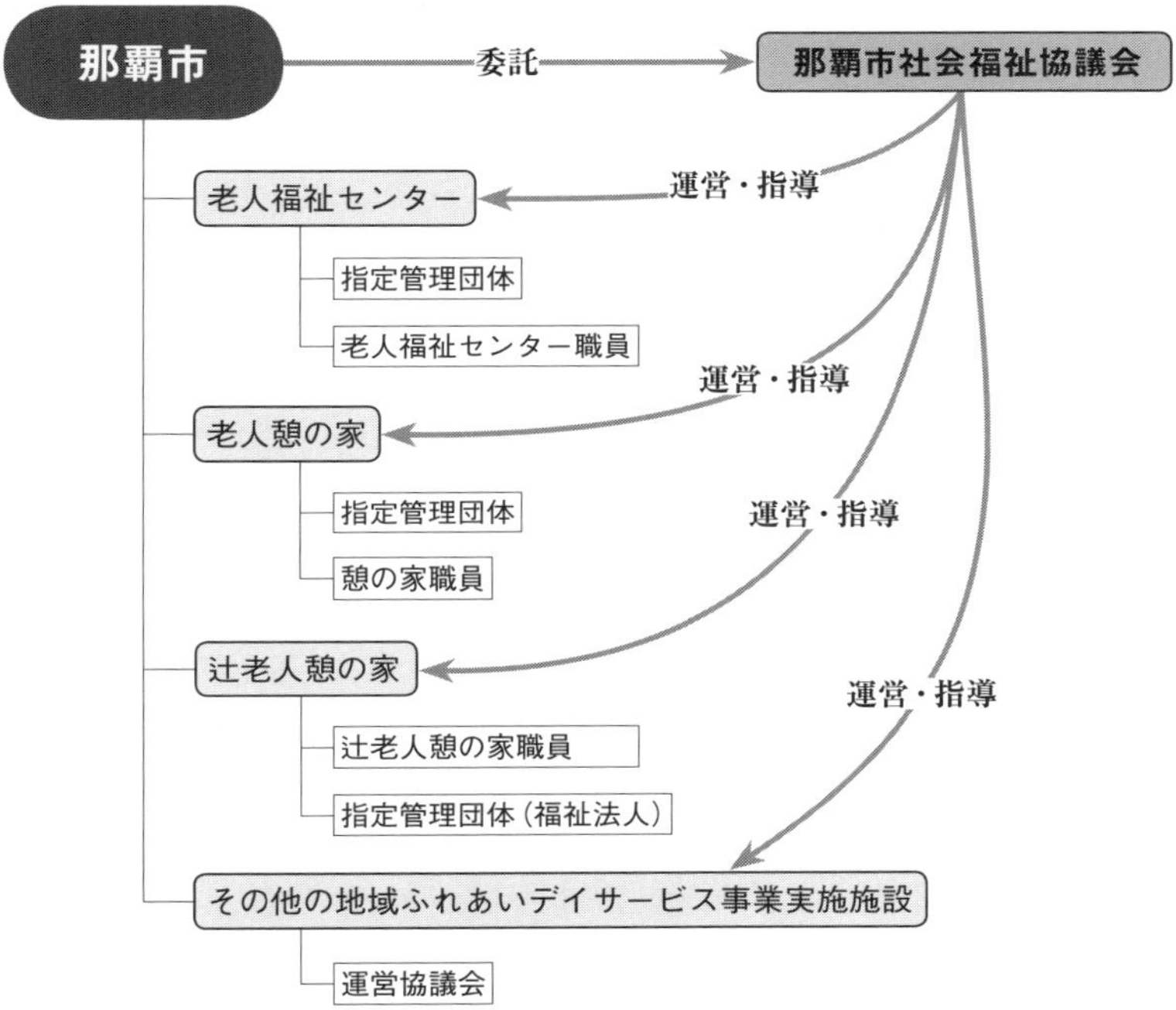

図④　那覇市デイサービス組織図［那覇市／ウェブサイト］

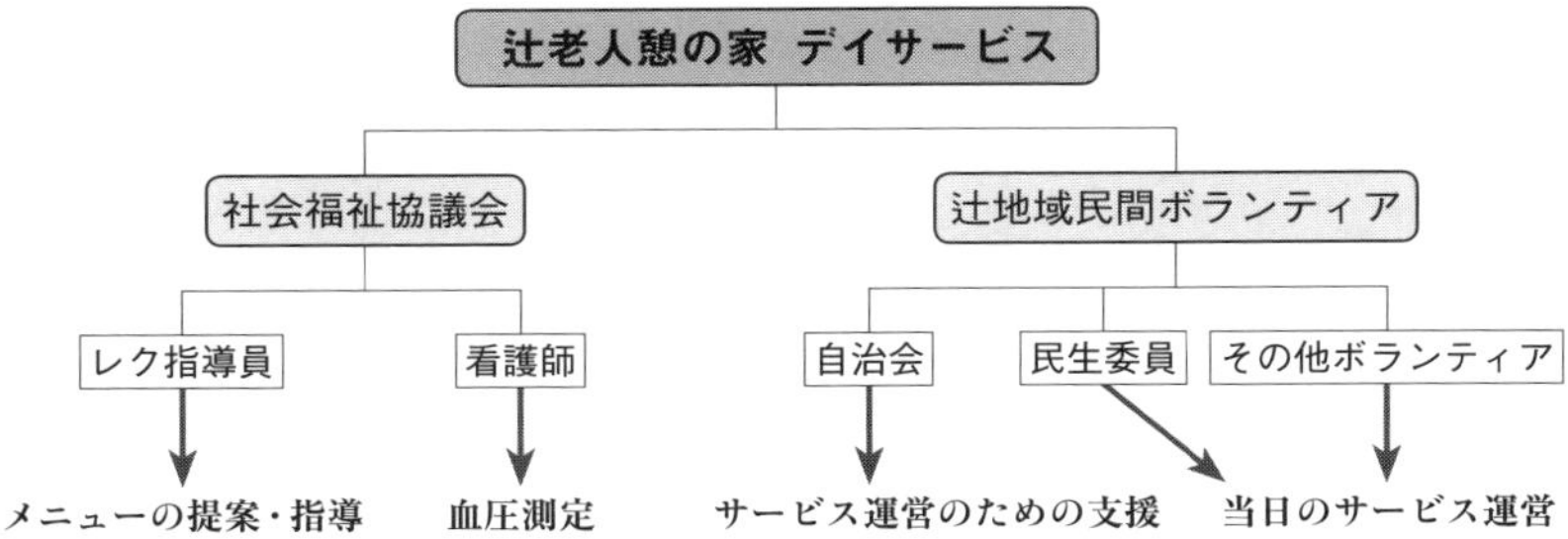

図⑤　辻デイサービス分担図

には辻地域のみでなく那覇市内全域から参加者が集まるが、デイサービスの参加者は辻・若狭地域に居住する者のみであり、自治会組織のひとつである老人会とほぼ重複している。またレク指導員と看護師は社協から派遣され、レクリエーションメニューの管理も社協によって行われているものの、実際に現場で準備をし、参加者個々人に声をかけるのは辻地域に居住するボランティアである（図⑤）。

また、デイサービスを主幹としたイベントとして、市内のデイサービス団体の作品展示や発表を行う文化祭がこれまでに三回開催されており、辻のデイサービス参加者もこれに参加している。二〇〇八年は事業開始一〇周年として「より一層のサービス向上・運営協議会の活性化を目指し、高齢者の健康増進や生きがいづくりに寄与することを目的」とする「地域ふれあいデイサービス文化祭」が開催され、各デイサービス団体による舞台発表、作品展示が行われた。二〇〇八年度文化祭のコンセプトは「多くの人に見てもらう」ことであり、市内の自治会長を招待し、参加者やデイサービスを知る人が増えることを期待して計画された。社協職員は「デイサービスは高齢者の居場所になる。広報はやっているが（デイサービスの存在は）知れ渡っていないので、高齢者に関する問題を抱えている地域に知ってもらいたい」という。また「こうした活動は互いの地域の刺激になり、みな熱心にほかの地域の活動を取り入れようとする」とも語る。

続いて、デイサービスの基本的な流れを紹介しよう。この記述は二〇〇八年から二〇一二年まで、ボランティアスタッフとして断続的に参加しながら行った参与観察にもとづいている。

開始三〇分前には、会場となる憩の家地下一階の大広間で、民生委員とボランティアによってサービスの準備が始められる。会場設営として参加者が座るための備品のパイプ椅子を、前方の舞台に向けて、また広間の中央をレクリエーションのためのスペースとして空けるようにコの字型に配列する。椅子の座席上にはサービス内で用いられる歌謡曲の歌詞プリントを綴じたファイルを配置する（写真㊴）。並行して参加者に振舞われる茶・おやつの用意が進められる。

開始時間一五分前には参加者が主に徒歩で到着し、入室する。参加者は受付となる入り口横に設置された長机で民生委員から名札を受け取り、着席をうながされる。席順は決められているわけではなく、各々が希望する席に座っていく。先に着席していた友人に声をかけられ、その近くに座る者も多くみられる。民生委員のＳｔ氏は「積極的に参加してほしいので、できるだけ前のほうに案内している」という（写真㊵）。また男性参加者は必ず部屋の右前方に座る。しかしながら、毎回参加するのは老人会長とデイサービス運営会長の二人のみである。

開始時刻になると、レク指導員によってレクリエーションが開始される。最初は必ず二本のマイクを用いた合唱である。このマイクは基本的に男女一本ずつ、参加者の間で回される。しかし、マイクをもちたがらない参加

写真㊴　デイサービスで使用される歌詞ファイル（「辻福寿会」はデイサービスの名前）

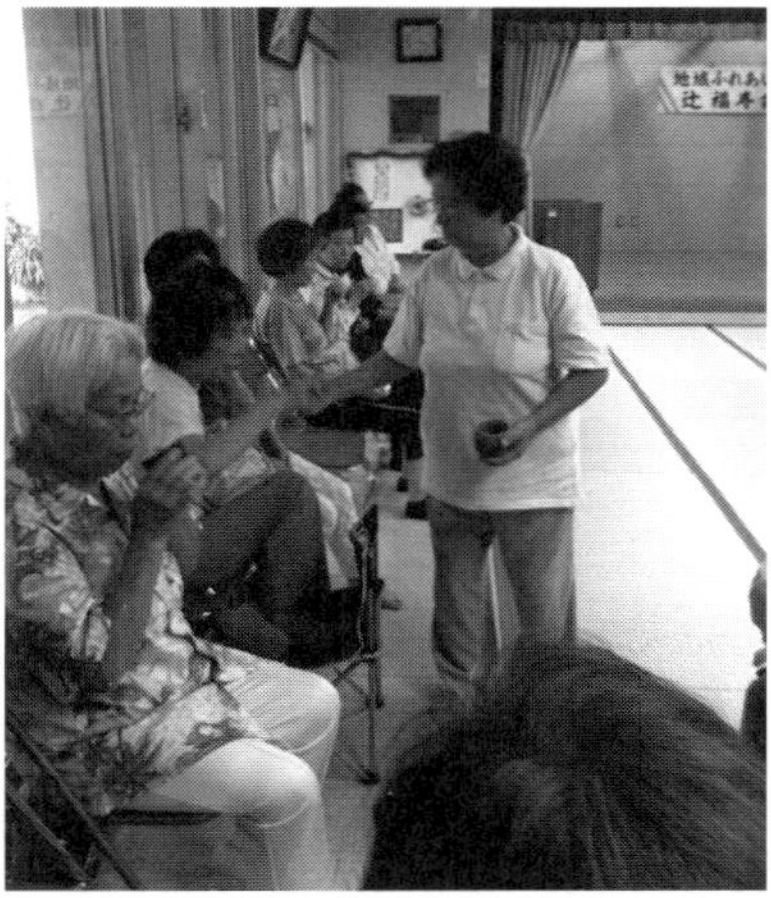
写真㊵　着席するデイサービス参加者

写真㊷　看護師と民生委員による参加人数の確認

写真㊶　血圧測定

者も多く、レク指導員や民生委員がマイクを取るようにうながすこともある。歌われる曲は琉球民謡、歌謡曲が中心であり、椅子の上に置かれていたファイルをみながら、声を合わせて歌う。参加者からリクエストをとることもあり、毎回三～五曲ほど歌われる。

合唱が行われる間、民生委員が参加者に順に声をかけ、看護師が血圧測定を行う（写真㊶）。このとき健康に関する相談をうけることもあるが、やりとりは一言程度である。それらの内容は民生委員が名札と共に管理しているノートに記録される。全員の血圧測定が終わると、受付の机上で看護師が社協側の名簿と民生委員が管理している名簿を照らし合わせ、民生委員がこの日の参加者リストを作成する（写真㊷）。このリストは、市からの補助金を申請するために、後日社協に提出されるという。このため、普段は参加しない男性自治会員が参加人数を確保するため参加することもあるし、私自身も名簿に加えられたことが何度かある。またこの名簿には民生委員やボランティアも含まれている。

合唱の後、レク指導員が考えたメニューにしたがってレクリエーションが行われる。内容は色とりどりのハンカチを振る手遊びや、椅子を使ったストレッチなどである。手があいた民生委員やボランティアもレクリエーションに参加する。彼女らは「幼稚園のおゆうぎみたい」、「ここ（デイサービスの場）だからいいけど、誰かに見られたら恥ずかしい」などと笑い合いながら、和気あいあいとした雰囲気で場に加わっていく（写真㊸）。レク指導員によってレクリエーション内容の傾向は異なるが、指導員の指名はできないという。また「参加者からもとくに（意見が）ない」と民生委員は語る。このように、レク指導員、ひいては社協と参加者・民生委員の間には距離が感じられる一方で、「（レク指導員は）交代で来るが、何度か来ると顔なじみになる。市の体育館でやったイベントの際にも『見知った顔があって、楽しかった』という参加者がいた。このことを社協に伝えると、向こうも喜んでいた」という語りも聞かれた。

写真㊸　レクリエーションの様子

開始から一時間ほど経過すると、「お茶の時間」となる。デイサービス開始前に急須に淹れておき、適温になったお茶を、民生委員が用意したおやつとともに配る。

参加者がお茶を楽しんでいる間、血圧測定に来ている看護師が健康にまつわる講話をしたり、老人会長が連絡事項を伝えたりする（写真㊹）。ここで伝えられる連絡内容は、デイサービスに関するものとは限らず、自治会費の納入や老人会の行事に関するものであったりする。友人との会話に夢中になり話を聞いていない参加者もいるため、民生委員やボランティアが注意をすることもある。

また、「お誕生月のお祝い」もこの時間があてられる。デイサービスの名簿には、参加登録者の氏名、性別、居住地に加え、生年月日が記されている。「お誕生月のお祝い」はこれにもとづいて、月に一回、その月の生まれの参加者を広間の中央前に座らせ、他の皆で「ハッピー・バースデイ」を歌って祝うというイベントである。「生まり日おめでとうございます」と書かれた折り紙のバッヂを胸に付けられた参加者は、皆の拍手を受け、照れくさそうに笑う（写真㊺）。

開始から二時間後に終了、解散となる。参加者は次々と室内から出ていき、民生委員やボランティアは椅子・茶器の片付けを行う。看護師が片付けを手伝うこともある。

写真㊹　老人会長による広報（この日の男性参加者は老人会長、自治会長、元老人会長、ボランティアの四人であった）

写真㊺　「お誕生月のお祝い」の様子

デイサービスのプログラムはレクリエーションの内容以外毎回ほぼ同じであり、レク指導員や看護婦、民生委員とボランティアがしなければならないことはルーチンワーク化されている〔12〕。また、数少ない男性参加者である老人会長・デイサービス運営会長は、レクリエーションを楽しむためではなくアナウンスや参加人数の確保のために参加している印象を受ける。

デイサービスに関与する民生委員・デイサービス参加者

本項では、デイサービス参加者にそれぞれ行ったインタビューの内容をまとめる。記述に入る前に、デイサービス運営にかかわる辻地域の住民について補足しておく。民生委員は、一般的に市町村各地域の社会福祉の増進のために設置される、民間に募集するボランティアである。二〇〇八年時点で辻地域では四人が民生委員をつとめており、すべて女性である。地域の役員や学校のＰＴＡ関係者が推薦されることが多いという。民生委員の任期は三年であるが、ほとんどの委員は何年も継続してつとめており、ある民生委員は自身が長年委員を続けている理由を「責任感」と考えている。また委員ではないがデイサービスの運営に何らかの役割をもつボランティアスタッフもおり、デイサービスの実質的な提供にかかわる辻居住者は、二〇〇七年時点で民生委員を合わせて一四人である（前掲図⑤）。ここで留意したいのは、辻地域では高齢化が進んでいることもあり、民生委員やボランティアも、サービスの参加対象であるはずの辻地域に居住する老年者がつとめていることである。

①民生委員・ボランティア・自治会員

第三・四章でも取り上げたＳｔ氏は民生委員の中心的立場にある。彼女は現在は若狭地域に居住しているが、宮古地域を離れて以来四〇年間生活した辻地域の民生委員をつとめている。そのきっかけは、辻地域でのデイサービスの設立にあるという。それ以前からデイサービスという活動があること、また辻地域にはそれがないことを知っていたＳｔ氏は、当時の自治会との話し合い、辻老人憩の家でのサービスとしてデイサービスを発足させることに成功した〔13〕。

二〇〇五年のデイサービス立ち上げ時、民生委員は辻地域に四、五人いたが、二〇〇八年に一人が家庭の都合で辞め、一人は体調不良のため現在も欠席している。このため「手が空いている人に手伝いをお願いする」形で新しい委員やボランティアの補充を試みているという。デイサービスにかかわる民生委員やボランティアのほとんどが女性であることについてＳｔ氏は「男性にも呼び掛けるがなかなか難しい。（男性の）名前は五、六名ほど社協にも出しているが、忙しいか興味がないのでやってもらえない」と語る。また運営予算の問題についても頭を痛めている。デイサービス参加者は発足当時から徐々に増加し、現在も新規の参加希望者がいるが、予算の増強が見込めないためである。「もう（参加者は十分）多いのだけど、友達づてで来るので嫌とはいえない。社協も『断るな』というし」と語る〔14〕。

また、デイサービスに参加しない老年者についてＳｔ氏は「来ない人は来ない人なりにやっている」と答えた。しかし彼女は「（家の外に）連れ出したいので」声をかけているという。ここで彼女が念頭に置いているのは「どのように参加させるか」ということである。「デイサービスに二、三回来れば、顔なじみになって参加してくれる」とＳｔ氏は考えており、そのきっかけづくりが重要と考えているのである。足が悪くなるなど健康上の理由でデイサービスに来られなくなった老年者もいるが、その場合医療福祉法人が運営するデイケアを紹介することもあるという。デイケアはバスによる送迎があり、外出が不自由な場合でも対応が可能なためである[15]。

第三章で取り上げたＭｙ氏（六〇代女性）もデイサービスを立ち上げたメンバーの一人であり、現在もデイサービスで名簿管理や室内の椅子の配置・片付け、休憩時間に配布する茶・茶菓子の準備を担当している。「デイサービスを立ち上げ、今年（二〇〇九年）で六年。今は地域の婦人会の方もボランティアをしてくれるので、自分は民生委員としての活動をみていこうかな」と語るＭｙ氏は、デイサービスやボランティアの活動が地域に根付いてきていると感じている。

ＮＳ氏（六〇代男性）は浦添市に本部を置く老年難聴者に関するＮＰＯ活動に参加しながら、辻自治会の活動に関与している。生まれは那覇市内であるが、辻地域に移住したのは一五年ほど前である。家賃が安い市営住宅に入居する目的であったという。移住と同時に自治会に加入し、七～八年前から自治会役員をつとめている。デイサービスにも参加するものの、活動の中心は自治会であると自ら語る。会費の徴収、広報配布、盆踊りなどの自治会行事や老人会で行う敬老会、グランドゴルフ活動の支援などに携わる。とくに盆踊りや敬老会には福祉法人も引きこむことによって、デイサービス以外の場での老年者の存在を外部にアピールしているという。

第四章で取り上げたＨＦ氏は、辻地域の老人会長、那覇市本庁地区の老人クラブ連合会長（二〇〇九年）、デイサービスの運営協議会長をつとめている。教職についていた経験を生かし、市内の憩の家で書道クラブの講師をつとめたこともある。デイサービスへの関与は老人会長としてのものに限られている。しかしながら老人会への入会を勧められた当初は、「教員は周りの人に溶け込もうというのが苦手なので」気が乗らなかったという。それでも活動を行っているうちに、自分自身の健康づくりや老年者の健康づくり、生きがいづくりに役立つのではないかと思うようになったという。老人会やデイサービスについてのＨＦ氏の考えを尋ねると、「憩の家は、もとは文部省の役人が、退職したあとぼさっとして過ごすよりは何か趣味を探す（のがよいと考えた）、というようなものである」と答えた。話題は運営予算に移り、「（ＨＦ氏が活動を始めた）当初は那覇市の財政も潤っていたので講師代やお茶代も市から出ていたが、今は憩の家も自分たちで（費用を）出し合ってやっている。習い事の材料費は自己負担だが、もともとは無料サービスだった。予算が足りないと、どうしてもサービスも悪くなってくる」と不満を漏らした。

②参加者

Ｃｔ氏（七〇代女性）は沖縄本島北部出身であり、那覇市に五〇年、辻地域に約一〇年居住の後、現在は辻市営住宅に住んでいる。仕事や夫の死で悩みを抱えていた頃、老人憩の家前所長に声をかけられて憩の家の存在を知った。「それまでは行くところがなくて落ち込んでいた。急に一人になって大変だった。憩の家も知らなかった」という。憩の家に通い始めてからは、赤い羽根募金の運動に進んで参加したり、同じ市営住宅に住む身体の不自由な女性の部屋へしばしば顔を出し、話し相手になるなど、積極的に他者との触れ合いの場に参加するようになったという。Ｃｔ氏は憩の家でのサービスに大変満足している。「こんな年寄りを大切にした、極楽みたいなところに来ていいのかと思った」と語り、デイサービス以外にも体操、コーラス、三線、自分史の趣味クラブに参加しているという。また、デイサービスで医療費問題についての講話があった際、「以前（憩の家のサービスに）あった入浴サービスもなくなってしまった。少しくらいならお金を出しても（サービスは）必要だと思う」と語った。

Ｄｃ氏（七〇代女性）は辻地域に居住して約五〇年である。出身は本島中部であるが、幼い頃両親を亡くし、沖縄県内を転々としてきたという。宮古に住んだこともあり、このことは他の宮古出身の参加者と親しみやすい一因となっている。二人の子どもがいるが共に沖縄を離れており、現在は一人暮らしのため「これ（デイサービス）があってよかった」と思うことが多い。子どもとの交流はときおり電話をする程度であるが、「忙しいのか照れているのか」あまり話さない。そのため、デイサービスに参加し、参加者との交流を楽しむことで独居のさみしさを紛らわせているという。デイサービスには開始当初から、体調不良による欠席はあったものの、約四年間参加している。「一人でいると落ち込みがちになる」と語るＤｃ氏は、「（参加者は）みんな心がさっぱりしているから付き合いやすい」と話す。この地域にはごく身近に友人関係が多くあり、誘われてサービスに参加することにした、と参加のきっかけを語った。誘われた当初は不安があったものの、民生委員のフォローもあり、現在は楽しいという。憩の家が併設される市営住宅に居住しているため、「距離が近くて助かる」と笑いながら話す。デイサービスへの参加により体調も良くなっているという。憩の家で開催される新年会にも参加するが、老人会が主催する敬老会にはあまり参加しないという。その理由をあえてあげるならば「自分も余計に歳をとる感じがする」ということである。またデイサービス以外の趣味クラブには、「何かと費用がかかる」ため参加していない。

Ｅｓ氏（七〇代女性）は那覇市内出身で、Ｃｔ氏と同じく市営住宅で一人暮らしをしている。彼女は民踊レクや日舞を中心として趣味クラブにも多く参加しており、自宅には趣味クラブの作品が飾られている。またＥｓ氏は那覇市老人クラブ連合会代表として県主催のスピーチ大会にも出場したことがあり、その際の賞状が大切に飾られている。そのテーマは「老いを楽しく前向き人生」であり、Ｅｓ氏はこの言葉に沿うように「常に前向きに、挑戦が人生」だと語る。憩の家の運営が社協から福祉法人に移ったことにより、同好会の数が少なくなったという、残念に感じている。同好会の参加人数も減少していることについて、「今六〇（歳）になって（同好会に）入るのは興味をもって活発にやる人が多いと思うけど、八〇、七〇歳になる人には（参加を）辞めようという人もいる」という。辞める理由については「お金がかかる」ためと考えている。

四　民踊レク講座

続いて、参加者が好みに合わせて選択する趣味クラブについて概観する。ここでは、市からの委託金をうける講師が指導を行う趣味講座のうち、民踊［16］レク講座について記述する。

民踊レク講座は二〇〇八年度時点で参加者が約三〇人、本島出身の四人、八重山出身者一人を除いて他はみな宮古出身者で、すべて女性である。講師は社協から派遣される女性がつとめている［17］。普段は最初に体操や簡単な踊りをして体を動かし、指導を交えながら三、四回民踊を踊る。その後休憩となり、参加者全員が車座になってお茶と参加者の旅行土産や差し入れの菓子を楽しみながら談話する。一五分ほどの休憩のあと、二、三回ほど踊って終了となる。踊りに用いる曲は講師が用意するテープから選ばれる。希望曲をあげたりダビングを希望する参加者もいないこともないが、参加者は「歌、踊り、並びは先生方が決める」ものと思っている（写真㊻㊼）。

講座での活動の成果を発表する場として、那覇市、浦添市、西原の三地区での民踊発表会や、沖縄全島の民踊団体が参加するフェスティバル、社協が主催する福祉まつりと運動会があり、これらへの参加に向けて発表曲の振り付けや隊列の練習を繰り返し行う時期がある。発表会には基本的に全員が出席することとなっている。

以下では、発表会に向けて発表演目を集中的に練習している様子を紹介する。

発表演目の指導は、隊列の指示から始まる。身長を基準に見栄えがする並び方にするために、講師が指示をくりかえす。この間、指示されていない参加者が私語に興じることがあり、他の参加者は彼女らを「遊んでいる」と非難する。「幼稚園児じゃないんだから」「先生講義しているから静かにして」と怒る参加者もいる。参加者は講師の話よりは友人との談話に熱心で、発表会の日時や会場についてもしっかりと把握しているのは一部である。

発表を控えた練習を行う回では、とくに参加者内で意識に温度差がみられる。指示がうまく伝わらない場合、講

写真㊻　民踊レク講座の様子

写真㊼　民踊レク講座の休憩時間

師が名前を呼び、体をつかんで「こう」と姿勢を正すこともある。

発表の題目は、講師が選んだいくつかから実際に踊り、話し合って決めてもらうことにしていると講師は説明するが、「決めてもらっているけど……ねぇ」と、参加者の意欲のバラバラさに苦笑気味である。この日の講座後、講師は「自分に関係ないからと話をきかない。動かない。幼稚園児の方がまだまし」と愚痴をこぼした。同じ踊りを何度も練習するため、それをつまらなく感じ欠席する者もいるのだという。

別の発表の練習では、発表に参加すること自体への参加者からの不満を耳にした。

この日、講師は那覇市老人クラブ連合会が主催する忘年会での発表を提案した。参加者のほとんどが辻地域の老人会に所属していることもあっての呼びかけであった。発表に乗り気でない参加者に「壺川（地区）も首里（地区）も出るのになぜ辻は出ないのか、といわれているよ」と講師は声をかけるが、参加者は不満げに、「お金がかかる」、「いろいろなグループに入っているといろいろあって（忙しい）」と口にした。この「お金がかかる」ということについて、講師が一括購入しておいた道具を参加者に一組二四〇円で販売するのをみた参加者は、「ああいう（道具を用意しなければいけないので）、いろいろやるとお金がかかる。でもみんなが買うと買わなきゃいけない感じだから……」と私に小声でこぼしながらも、道具を購入していた。発表への参加にあたって出費が発生することへの不満は講師も理解しており、衣装は基本的にはこれまでに使用したものを組み合わせたものになるよう工夫しているが、毎回一、二人は自分で作ったり、講師に頼んだりして購入することになるという。

民踊レク講座参加者

続いて、講座での参与観察と個別の聞き取りから得られた参加者の語りを紹介しよう。

講師（六〇代女性）は本島南部の出身であり、四人家族の家事の合間に民踊講師として活動している。彼女が講師を始めたきっかけは、福祉施設のサービスに民踊を取り入れる動きにあたって、趣味として三〇年所属していた県の民踊研究会から声をかけられたことである。彼女の考える指導方針は「堅苦しくないふれあいと、健康づくり、仲間づくり」であり、「皆さんが集まって楽しんでくださることがよい」と考えている。「（講座で採用する）踊りは民踊大会のときにやる（新曲として発表される）のだったり、古い、だれでも踊れるのをゆっくりやったり、以前にやったのをやったり。（家に）帰ると忘れているけど」。大会に参加することもひとつのやりがいになる、と考えつつも、参加者全員が負担なく踊れる楽曲を考えているという。

Ｎｇ氏（六〇代女性）は那覇市内に居住している。元公務員であり、現在は子世帯と同居している。他の趣味クラブに参加している友人から誘われ、二〇〇七年から辻老人憩の家のサービスを利用している。わざわざ辻地域の民踊レク講座に通っているのは「時間と講師がいいから」であると語る。

辻地域に居住するＨｒ氏・Ｏｔ氏（共に七〇代女性）はともに宮古出身である。Ｈｒ氏の嫁ぎ先がＯｔ氏の家系であったため、二人は親類関係にある。民踊レク参加者のなかには他に義妹もいる。Ｏｔ氏が民踊に参加したのは最近になってからであり、一時期体調不良で参加をやめてしまったこともあったという。これをうけて、Ｈｒ氏は「自分の体のことは自分でやっていかんと、と頑張っている」と語った。彼女たちはデイサービスにも参加しており、お互いや他の友人と会うのを楽しみにしている。

Ｋｓ氏（八〇代女性）は数年前に夫を亡くし、辻地域の自宅で一人暮らしをしている。孫の結婚式でこの講座で習った民踊を披露した、とうれしそうに語った。

五　自分史同好会

最後に取り上げるのは、趣味クラブのうち参加者によって自主的に運営されている同好会である。具体的に取り上げるのは自分史同好会の事例であるが、その前に自分史および自分史同好会がもつ性質について、沖縄という地域性から若干の説明を加えておきたい。自分史とは、一般の無名な人物が自分であらわした個人史と定義することができる。この点で、新聞や雑誌への投稿も自分史へのひとつのアプローチであるとみることもできる。田上によれば、一九七〇年と一九九七年を比較すると、老年者による新聞投稿数が飛躍的に伸びている［田上 一九九八：一八］。この傾向は沖縄にもみられ、とりわけエッセイや川柳などの読者投稿欄では老年者が常連である。新聞社側が戦争体験などの老年者の経験談を募集・取材することも多く、連載を経たのちに単行本として出版されるものもある。

自分史は、自身の歴史が共同体の歴史の継続と認識されるという「記憶の共同体」［プラマー 一九九八（一九九五）］の性質をもつがゆえに、社会的コンテクストからとらえることができるものであると小林多寿子は指摘する［小林 一九九七：一一一―一一二］。とりわけ沖縄で自分史を執筆する中心の世代である七〇代の人々は、戦争、それに続く米軍統治という経験を共通してもっている。そしてそれが「自分史を書く強い動機であり、自分史の記述のなかで大きな部分を占めている人が少なくない」［小林 一九九七：一一二］とし、沖縄の自分史が「記憶の共同体」に根差したものであるとしている［18］。

民踊レク講座は講座全体で大会に出場するなど、講座の枠内での他地域との交流活動も盛んである。一方自分史同好会は参加人数が少なく、交流や発表の機会もほとんどないものの、自分史作成という具体的な目的を冠している趣味クラブである。その内容もライフヒストリーの記述にこだわらず、自身の日常生活や経験を自分の言葉で表現することをテーマとしている。この点で、自分史同好会の参加者を明確な理由をもちサービスに参加する老年者の例として、先の二例と比較検討することは有意義であると考える。

自分史同好会は、月に一回、土曜日の午後に辻老人憩の家の小会議室で行われる。二〇〇五年に参加者の一人が以前受講していた自分史講座の講師を招聘し、開講した。参加者は二〇一〇年時点で五人である。参加者はこれまでの経験や思い出、昨今心に留まったエピソードをエッセイ形式でまとめ、毎回発表する。なお、この講座は二〇一一年に規模縮小のため、短歌同好会に吸収合併された。

以上のような運営形態であるため、私が見学できたのは二〇一〇年八月の回のみであった。この回の流れは次のとおりである。

開始時刻を過ぎると、講師が待機している小さな会議室に三人の参加者が集まる。参加者は全員女性である。室内にはロの字型に長テーブルが組まれ、パイプ椅子がいくつか設置されている。デイサービスや他の趣味クラブではこのような備品は開始時に配備し、また終了時に参加者で片付けることが多いが、この会議室は最初からテーブルと椅子が配備されているため、その必要はない。

室内に入ってきた参加者は、誰ともなしに雑談を始める。ある参加者が体重管理の必要性について語ると、「年寄りは痩せなければ」とみな賛同する。そこから出産と老化による体形の崩れへと話は進行する。「三〇歳のときにはもう三人の子どもがいた」とある参加者が語ると子育ての苦労へと話は移り、夫が医師であるという参加者が「内助の功」と評されると、彼女は「(夫が)医学部のインターンのころは収入が少なくて」「今は息子が病院につとめているけど、足りないのは嫁」と場を沸かせる。講師も雑談に加わっており、参加者に問いかけ、あるいは話題を提供する。そのころ、一人の参加者が遅刻ながらも入室する。彼女によれば、もう一人の参加者は摸合でもう少し遅くなるという。

ひとまず参加者が集まったため、講師は場を簡単に取りまとめ、参加者らが用意してきた「これまでの歩みについて」の文章を音読するよううながす。ここで「あくまで品評ではない」と講師は強調し、文章を添削することはない。この「音読」について、参加者らは最初は「ボケ防止」だと思っていたと笑いながら語る。参加者の一人が「昔の修身は音読したらまる覚えだったのに」などと話を継ぎ、場は常に和やかな雰囲気で進行する。

ここで発表された文章の内容をひとつ紹介しておく。この音読者はデイサービスにも参加している。

首里に住む嫁の父母とともに「紫陽花まつり」に行った。同行した嫁の両親とは同世代だが、母親のほうは孫に手がかからなくなったのもあり痴呆気味である。

その後、本島北部の私の出身部落に行った。戦争中は三〇世帯ほどあったが、今は集落もなくなってしまい、大変さま変わりしている。私はここでオバとユシヤチル〔19〕を重ね合わせた。また、私には許婚がいたが、彼にふられて悲しいときに今の夫が那覇に連れ出してくれたことを思い出した。それは二〇歳のことであった。故郷に未練はなく、夫に連れられてきたここ（那覇）が竜宮城だと思った。

このように、短い文章をもちより参加者同士で感想を出し合うのであるが、自分史作成という明確な目標を冠しているにもかかわらず、講師が強調するように文章の添削や内容への助言は行われない。

また夫が医師であるという参加者はすでに自分史を完成、刊行しており、この日の会の終了後、その自分史を見せてもらった。彼女の自分史は夫の八八歳の年祝い（トーカチ）に合わせて作成・配布されたものであり、ハードカバーで製本され、夫の医師としての写真や一族の集合写真も掲載されていた。

自分史同好会参加者

続いて、自分史同好会の参加者二人に行った個別インタビューの内容を紹介する。ここでは、老年期を迎えた自己への意味づけという自分史の性質を考慮して、彼女らのライフストーリーを含めて、講座への参加のきっかけ、また講座に参加することの不満や希望についての自由な語りを記述する。

第四章でも取り上げたＳｂ氏は戦前期から若狭地域に居住し、二〇一〇年で八一歳になる。夫とは死別しており、二〇〇九年、夫の三三回忌を迎えた。現在は独身の長男と若狭地域のアパートで二人暮らしをしている。

Ｓｂ氏はこれまでにいくつかの自分史同好会に参加し、すでに何冊かの簡易な冊子を作成している。彼女は第一高等女学校（以下、一高女）出身でひめゆり学徒隊として戦争に参加した経験をもち、この経験が彼女の自分史執筆への興味に大きな影響を与えている。たとえば、自分史に取り組むきっかけとなったのは、『琉球新報』の「人生八〇年リレーエッセー　これからの私」（一九八九年九月四日）に寄稿したことである。書くことを趣味に生きたい、という友人に勧められ、一高女の同級生三人で「これからの私」をつづった。このとき、「書いてみると、書きたいことがたくさんあることに気づいた」という。この経験から、市内の別地域の公民館で現在の講師がつとめる自分史講座を受けた。ここで文章作法を習い、初のエッセイ集を執筆する。

自分史同好会が発足してからも、往時の女学生を取り上げた新聞の特集「五〇年ぶりの集い」（一九九二年一二月三〇日）の一記事を執筆している。これは、Sb氏が一高女に入学して五〇年目に開かれた一高女の同窓会の内容を記したものである。その後、息子が新聞社につとめていたこともあり、復帰直前の建築事情についてのエピソードを新聞のコラム欄に投稿し、採用された。これ以降も新聞への投稿は盛んに行っており、掲載された記事はすべて保管し、ファイルに綴じて管理している。たとえば先ほどの記事については、「これは一九九二年五月一六日の記事……」とつぶやきながら、日付順に整理されたファイルの記事から目当てのものを探し当てていく。他にも東京に行った様子（一九九一年五月一五日）や、タイピストをしていた経験から書かれた往時の沖縄の貿易商をテーマとした記事などを選び出し、見せてくれた。

こうした活動についてSb氏は、子どもが家を離れた後、地域に対する「恩返し」という念が強くなったことが背景にあるという。「仕事ばかりやっているとできない地域のことをやろうと（思った）。婦人会とか、公民館にも行ってみたい。いろんなものにチャレンジしたい。経験としていいんじゃないの？」。その一環として、市民講座や高齢者向けサービスに顔を出すようになったと語った[20]。

Is氏（七〇代女性）は本島南部出身で、幼い頃両親を亡くし、オジ夫婦に育てられた。二〇歳で同郷の夫と結婚後、一九六七年に那覇に移り、現在まで辻地域に居住している。夫とは死別しており、子は婚出した娘ばかりであるため、現在は独居である。

Sb氏が自分史同好会に意欲をもって参加していたのに対して、Is氏は、もともとは自分史執筆自体には関心がなかったという。Is氏が同好会に参加した直接のきっかけは、友人の誘いである。Is氏は学びへの意欲が強いと自認しており、同好会参加以前から多くの生涯学習教室に参加していた[21]。その中に文章教室もあり、ここでエッセイを新聞に投稿し、採用されたこともあるという。その際、教室の講師も喜んでくれたことがうれしかったと語る。

Ｉｓ氏は積極的に同好会の運営にかかわっているが、指導方針や運営に疑問を感じているようである。「私は参加者のお金を集めて先生に渡す役をしている。でも先生から学ぶことはない。ただ自分たちが学ぶ」[22]。加えて、希望者が見学に来ても参加には至らない理由にも、会の方針をあげた。「様子をみにきて、『(指導がないから）なんともならん』と辞めていく。男性（の参加者）も一人いて文章が上手だったが、（添削をしない）あの様子を見てから、上達がないと思ったのか辞めてしまった」「とても上手な人たちがいるので、ちょっと添削つければ（いいと思う）」と彼女は語っている。また同好会内の雰囲気もあまり良く思っていないようである。その最たる例として「参加者のひとりが自分史同好会の時間を忘れてしまい、全員の原稿をもったまま来なかったので、参加者が怒った」というエピソードをあげた。この問題によってその参加者への不信感が高まったが、他の参加者のとりなしによって同好会はどうにか続いている状況だ、という。同好会の内外にかかわらず、会への印象はよくないというのが彼女の意見である。

六　新たな老いの形態と辻地域の老年者

参加型サービスが目的としているのは、介護予防とその一方法としての社会ネットワークへの包摂である。サービスに参加することでひきこもりがちであった生活を改善したＣｔ氏、Ｄｃ氏、Ｅｓ氏のような参加者もおり、この点で制度・サービス提供側が想定する意図は達成されているといえる。

しかし本章で示したいのは、参加型サービスの利用にあたって、老年者がときに行政が想定する参加モデルには当てはまらないふるまいをみせることである。以降では本章での記述を振り返りながら、制度という枠組みに沿って提供される参加型サービスの場における老年者の主体的で多様な実践を指摘することで、福祉制度が規定する新しい老いと、それに対する老年者のふるまいについて考察していこう。

新しい社会的老いが内包する多様性

まず、サービスに参加する理由やサービスでの態度を比較してみよう。デイサービスは地域の老年者全般を対象としており、趣味クラブのような明確な目標を掲げていない参加型サービスである。そのため、必然的に参加人数は多くなり、運営にあたっては民生委員をはじめとした自治会その他の有志による地域ボランティアの支援が不可欠となっている。一方で、自治会の下部組織である老人会の活動を実質的に補う機能も果たしている。また辻地域は高齢化率が高いため、実際に現場でのサービス運営・提供を担う民生委員や自治会員も、地域に居住する老年者がつとめざるを得ない状況にあることに注目したい。また、とりわけ男性参加者は、全員が老人会長などの自治会関係者であり、サービスのメニューを楽しむためではなく、デイサービス運営の補助的意味合いや老人クラブ会長としての仕事の一環として参加していると自認している。

民踊レク講座の特徴は、参加している老年者の大半が戦後移住してきた宮古出身者であること、そのため参加型サービス導入以前から参加者間には交流関係が形成されていたことである。このような背景から、民踊レク講座はこれまでの交流が継続できる「場所」として利用されていると考えられる。講座での参加者のふるまいからも、民踊の習得や発表会への参加といった講座のなかで設定される目標は、参加者にとっては重要でないことがうかがえる。

前のふたつに比べて、自分史同好会への参加は非常に意識的である。参加者が自分史作成にあたって取り上げるテーマには、自分の生の経験のなかで強調したいことがあり、それについて自分史を執筆すること自体が自分の生活に生かされる、という意味付けが明確に現れている。たとえばＳｂ氏は「一高女（ひめゆり）で戦争の苦労や友人を多く失った苦しみを共にした」という共通の経験を文章として残すことに目的を見出している。一方Ｉｓ氏の関心は「学び」自体にある[23]。Ｉｓ氏との会話では、「（幼少期から）勉強したいという気持ちはたくさんあり、夜通し（勉強）してでも負けたくない。優等生になりたい」、「自分は結婚よりは勉強がしたかった」、「一生懸命勉強しても、雨の次の日は畑に行かされる。オジやオバに迷惑をかけてはいけない、と冷静なところがあった」という語りがしばしば挟まれた。このような経験が、習い事や自分史へのかかわり方にも反映されているようである。自分史を執筆しようとする動機、また自分史のテーマをどのような経験に求めるかは、Ｓｂ氏とＩｓ氏では異なるものにむけられているようにみえるが、サービスに参加する理由は共に、過去の経験を振り返り、意味づけていくことにある。

このように、参加者がサービスに求めるものは様々であり、その活用をとおして、参加者はサービスが自分にとってどのような場であるのか――「高齢者」へむけたサービスを受け取る場なのか、健康改善に役立つ場なのか、友人との交流を楽しむ場なのか、人生を有意味化する場なのか――を意味づけているのである。

一方で、サービスに対する不満の内容も多様である。たとえばデイサービスの支援スタッフからは、参加者の受け入れ状況や行政による補助についての問題点や不満点があがっている。デイサービスの補助金は、本来はサービスの利用費を無料とすることによりサービスへの参加を助ける目的で支給される[24]。辻地域ではこの補助金は主に茶や菓子代にあてられるが、参加者が満足できるものを毎回手配するには不十分なのだという。さらに、参加人数は回によってまちまちであるので、想定よりも参加人数が少なかった場合、このような準備は無駄になってしまうことも多いという。参加人数を把握できないのは、毎回の参加が強制でないこと、さらにいえば参加・不参加の選択が老年者に非常にゆるく委ねられていることに起因する。自治会でも福祉関係の補助金を申請するために活動しているというが、これも「難儀している」という。このように、デイサービスの質を維持し、少しでも参加者に楽しんでもらうために、民生委員をはじめとする支援スタッフは毎回頭を悩ませているのである。

また、彼らは、行政側が地域の状況を十分に把握していないことも問題視している。デイサービスの運営指導を担う社協は、レク指導員や看護師を派遣するのみで現場との接点をもたず、利用者がどのようなサービスを必要としているかを把握しづらい。図④⑤であげた那覇市が提供する福祉サービスの図式と現場の様子を比較すると、社協はサービスのコンテンツのみを提示しているに過ぎないことが浮き彫りになる。さらに、辻老人憩の家で実際にサービスを運営しているのは辻地域の民生委員とボランティアであり、彼ら自身も高齢であることから、老年者がサービスを提供する側にもなっているという、おそらく当初は想定されなかった状況にあるのは興味深い。また、サービスに参加させたいと行政が考えている、ひきこもり傾向にある老年者への行政側のアプローチも不足していることが民生委員から指摘されている。

一方、サービス参加者が頻繁に言及するのは費用についての不満である。辻地域には低所得であったり生活保護を受給する老年者世帯が多く、参加費の有無は趣味クラブやその発表会への参加状況、さらにはクラブへの参加自体に直接影響する。たとえばＤｃ氏は知人に誘われてデイサービスに参加しているが、デイサービス以外のレクリエーション活動には「費用がかかる」ため参加していない。この問題は、民踊レク講座における那覇市老人クラブ連合会の忘年会への参加呼びかけの事例に顕著である。このとき参加者は、道具や発表の際に身につける踊りの衣装を各々で用意しなければならないことから、忘年会への参加に否定的であった。参加のための経費を抑えるために工夫していても、発表前の発表演目の集中指導も相まって、とくに発表を目的として練習するというよりは民踊レクで友人に会うことを目的として参加している者は、イベント参加にしばしば不満を漏らしている。

また、講師の指導に不満を感じている参加者もいる。たとえばデイサービスのレク指導員について、民生委員を含む参加者は、合唱に時間を割く指導員、体操を積極的にとりいれる指導員、「話が面白い」指導員というように評価をしている。人気不人気があるものの、指導員やレクリエーションメニューのリクエストはできない。また民踊レクの発表前の集中指導方針、自分史同好会の「添削をしない」という方針にも不満の声がみられる。

サービスに対する老年者の姿勢を知るうえで重要なのは、これらの問題の解決やサービスへの要望がサービス提供側にフィードバックされることはほとんどないということである。とはいえ、老年者らはサービスを一方的に受け取っているのではない。サービスへの参加・活用にあたって現われる問題は、サービスに不満を感じる参加者自身やそれを支える民生委員らによって、解決はされないまでも対処されるのである。それぞれのサービスは、各自が求める、あるいは各自が望む形でサービスにかかわる、というように利用されている。老年者はそれぞれが工夫する、参加をやめる、など現状を反映した選択を行うことによって、それぞれの問題に対処しているのである。

多様性の背景

参加者がサービスを利用する姿勢には、個々の経験が反映されている。たとえばそれがサービスでの活動に直接あらわれる自分史同好会の参加者は、戦争、学び、貧困などの人生経験による自尊や自己の再確認を、自分史執筆をきっかけとして行っている。Ｓｂ氏の人生経験には、自身が一高女の一員として戦争に参加したこと、また当時の同級生についての語りを欠かすことはできない。彼女のひめゆり同窓会についての語りは「〇〇さんという人がいて、一高女のころは色が白くて……」と、つねに一高女時代の友人の姿や様子を前提としている。それは一高女の学生であったという彼女の誇りのあらわれであるとともに、アイデンティティの再確認の作業でもあるといえよう。また、Ｉｓ氏が学びに強い関心をよせる背景には、「学問していたら、もっといい生活ができたはずなのに、朝晩農業の生活だった」という幼少時の体験が大きく影響している。これは自分史の内容のみではなく、多くの生涯学習教室に参加し、新聞にエッセイを投稿し、その採用を喜ぶという自身の成長へのたゆまぬ努力にも反映されている。自己の経験を振り返ることで自己を意味付け、次の段階へ歩みを進めていく手段のひとつとして、彼女は自分史同好会を選んだのである。

民踊レク講座も、参加者個々人の同郷あるいは辻地域居住という経験の共通性に支えられる交流の場として活用されている。参加者のなかには民踊レクで積極的に踊りを習い、イベントに参加したり、自宅で練習したりする者もいるのだが、休憩時間を前に早々と茶や菓子を用意しに行き、休憩をうながす者もいる。後者のような参加者は、総じて踊りを習うというよりは友人と会うために民踊レクに参加している。そしてこの友人関係は、先にも述べたように移住以前、移住を契機として、あるいは長年の辻地域での居住経験の中で形成されてきた関係——つまり福祉サービス導入以前から続いている関係が根幹となっている。このことによって、彼らのサービスへの参加のありようは福祉制度の文脈に必ずしもしたがうものではない。

続いて、サービスを支援する立場に立つ老年者についてとりあげよう。民生委員や自治会役員、老人会役員などとして支援側に立つ彼らは、辻地域での長年の生活経験のなかでも主導的立場にあったことが多く、地域への責任感、愛着を感じている者が多い。たとえばＳｔ氏は、現在は若狭地域に居住しているにもかかわらず、長年居住していた辻地域の民生委員をつとめている。Ｍｙ氏もＳｔ氏と同じくデイサービスを立ち上げたことから、辻地域の老年者に対して何らかの支援をしなければいけないと感じ、デイサービスの運営に心を砕いている。彼らは、地域内の社会関係に属しながら、制度側の枠内で老年者を支援する立場にあるといえる。

彼らのサービスへのかかわり方は性別で比較・整理することもできる。男性はサービスへのかかわりにこれまでの人生で培った自身の能力や技能を役立たせ、そこに老後の役割を見出す傾向が強い。たとえば自治会側から参加型サービス運営にかかわるＨＦ氏は、老人会の会長や参加型サービスの講師もつとめていた経験をもつ。大湾明美らは、とくに男性は戦後の日本資本主義経済を「働く」ことによって担ってきたという自負をもち、労働のなかに社会的地位を見出してきたために、参加型サービスへの受動的な関与を受け入れがたく、会やクラブなどのグループ活動や指導者・役員になることに楽しみを見出す傾向にあることを指摘している［大湾ほか 二〇〇三など］。一方女性は日常的な楽しみの延長としてサービスを利用する傾向にあり、民生委員のように提供側にあっても参加者に共感する姿勢で参加者を支援している。

老年者の個別の経験は、民生委員や自治会員という支援する立場からも参加型サービスにかかわる可能性をもたらす。言い換えれば、辻地域のデイサービスは、民生委員やデイサービスのボランティアスタッフという役割を得る場としても利用されているということである。

七　小結

本章では、新しい社会的老いへの老年者の関与について、それとの接点となる参加型サービスの現場における老年者のふるまいから検討した。新しい社会的老いとの接点に多様な対応が生じうるのは、①福祉制度が居住状況や社会関係の有無、個々人の経験などから生じる多様性を捨象し、「高齢者」という一枚岩的な対象設定をしているため、②そこに包括されえない老年者の個人性は、制度が高齢者に求める「参加の主体性」の範疇に含まれるため、である。利用の目的やきっかけに限らず、サービスに参加するなかで問題が生じたとしてもその解決や要望がサービス提供側にフィードバックされずに、参加者自身やそれを支える民生委員らによって対処されていることも、サービスへの主体的な関与とみることができるだろう。

第三章でふれたように、辻地域の老年者の多くを占める移住経験者は、母村での生活経験、移住経験、同郷出身という関係を頼って移住した結果である集住傾向、そして四〇年以上にわたる辻地域での生活という共通の経験をもっている。このことは行政の思惑にとらわれない福祉サービスへの参加のありかたを可能にするが、辻地域に移入してまだ日が浅い新規移住者や、そもそも地域社会に関わりがたいと感じている老年者にとっては、福祉参加以前から形成されてきた社会関係が継続されている福祉サービスに参入することは難しくなっている。次章の課題は、この福祉に関与していない老年者の老いがはたしてどのようなものなのかを明らかにすることである。

［1］社会参加という福祉理念の導入は日本の福祉制度の展開段階の第二期にあたる（第二章参照）。この時期には沖縄は本土復帰を果たし、福祉制度も本土の福祉制度と統一がすすめられているため、ここでは日本本土の福祉制度と沖縄の福祉制度との区分は行わない。

［2］那覇市で実施されている在宅福祉サービスには他に、食の自立支援、緊急通報システム事業、福祉電話の設置、軽度生活支援事業、外出支援サービス事業、ふれあいコール事業、介護用品支給事業などがある。

［3］しかしながら、これらはあくまで業績原理にもとづく「生産活動」ではないことに留意されたい。

［4］在宅福祉サービスと同じく那覇市にて設定される施設福祉サービスとしては、養護老人ホームおよび特別養護老人ホームの運営、老人デイサービスセンター・児童館・老人憩の家からなる福祉共同施設におけるシルバーハウジングへの生活援助要員の派遣などがある。なお、施設福祉サービスの促進のため福祉バス運行事業も実施されている。

［5］二〇〇三年六月の地方自治法の一部改正により指定管理者制度が創設され、それまで公共的団体に限られていた「公の施設」の管理運営を、従来の管理委託制度に代わって企業、NPOを含む民間事業者に委ねることが可能となった。辻老人憩の家は、①生活相談および健康相談に関すること、②老人憩の家施設の点検管理および清掃（軽微な修繕を含む）を事業内容として指定管理団体を策定している［那覇市／ウェブサイト］。

［6］グランドゴルフはのちに主体を老人会に移している。

［7］元老人会長SG氏によれば、現在運営されているような趣味クラブは憩の家が創設される以前から自治会館で活動していたという。

［8］その他、辻地域で老年者を対象として催されるイベントとして自治会と老人憩の家が共催する敬老会、民生委員が企画する食事会がある。これらの対象は辻地域の老人会員である。二〇〇八年度の敬老会に参加した最年長者は九〇代であり、九〇代以上は紅白幕を飾った特別な席を用意された。また、二月にも老人会で盛大なイベントを行うという。民生委員が主導する食事会では、七五歳以上の独居者を年に一度、一二月の第一土曜に招待して食事をふるまう。民生委員によれば「普段さびしい思いの人を楽しませる目的」であるという。参加人数が多いので、民生委員は予算を経費内にまとめるのに苦心するという。

［9］本章では二〇〇八年から二〇一二年までの断続的な参与観察と、各参加者への個別のインタビューから得られた情報を用いる。後述するがデイサービスではボランティアスタッフとして、趣味クラブでは参加者の一員として参与した。

［10］民生委員法（一九四八年）にもとづき設置される民間ボランティアである。

［11］民間の医療・福祉法人もデイサービスと銘打った活動を行っており、二〇一〇年以降、辻・若狭地域にデイサービス施設が立て続けに開所された。しかしながらこれらの施設で行われるサービスは、本書で取り上げるデイサービスというよりは、医療が介入するデイケアの要素が強くみられる。

［12］臨時で市や県による講話が行われることもある。

［13］以下の情報は彼女が個人的に記録していた資料によるものである。

［14］社協からは参加者一人あたり一〇〇円の補助が行われているが、決して十分とはいえない。たとえば毎回の茶菓子の手配にあたってはは民生委員がてんぷらやおにぎりを用意することで予算をおさえたり、茶や菓子の価格が安い商店を探すなどの工夫を凝らしている。

［15］St氏がデイケアを紹介した老年者として、辻地域居住の独居老年者Mm氏（九〇代女性）を紹介してもらうことができた。Mm氏とSt氏は宮古に居住していたころからの知り合いである。Mm氏は六〇歳のころ、息子が辻地域に家を建てたのをきっかけに現在の住居に移った。宮古では夫と農業に従事しており、ともに辻地域に移住したが、こちらでは就業はしていないという。医療福祉法人が提供しているデイケアには月、水、金曜日に通っている。Mm氏は「トイレに行くにも手を引っ張られていくのだけど、（介護士は）大変だと思う。みな優しい人ばかり」と利用の感想を述べ、それにSt氏は「あなたは遠慮深いからね」と付け加える。またデイケアと同じ医療福祉法人による在宅ヘルパー、および弁当の配食サービスを木、土曜日に利用している。

［16］「民踊」について、民踊研究会長に行った聞き取りから補足しておく。「民踊は沖縄のフォークダンスのようなものであり、民俗芸能である。生活の一部である。古典の民謡はあくまで舞台芸能であって見る人と踊る人が別であるが、民踊は踊る人がメインとなる。衣装も厳しい決まりはなく、負担の少ない簡単な衣装を用いる。現在残っている踊りをアレンジして、お年寄り用の踊りを踊る。そもそも民踊はお年寄りのものだけではないので、たとえば『妾』という言葉は子ども用には

使わないなど、踊る人に合わせて歌詞の内容を変えたりもする。大会は沖縄本島内をいくつかに分けた地区、さらに一地区につき五〇～一六〇団体あるので、希望曲がかちあったら合同での発表とする。人数や団体数が多いので、民踊の指導に個人の希望は拾えない。曲目は沖縄内に残っていた伝承曲や継承曲に加えて会長である私が作った創作曲がある」。

〔17〕一年更新で五年間契約している。二〇一〇年より福祉法人との契約に変更した。

〔18〕もうひとつ、沖縄社会の構造にも自分史の執筆、およびその隆盛の背景を求めることもできる。たとえば門中は主に医師や教員など、何らかの社会的偉業を収めたものの成果をたたえ、その名誉を周知させるために書籍を出版する。それがその者を輩出した門中の権威にもつながるからである。しかしながらここで出版される書籍は、厳密にはその者の子孫が故人とその業績をしのぶ形で記述されるものであるため、自分史とはいい切れない性質をもっている。これに対し、語られる人生を経験した者自身が筆をとり、長寿祝いで親族や来客に配布するために出版される自分史もある。この場合も、医者や教員などの職業に就く（就いていた）者が執筆する場合が多い。既に自分史を完成させている参加者はこのケースである。

〔19〕歌がうまく、非常に美しいとして有名なジュリ。彼女を題材とした琉歌や物語は多い。

〔20〕Ｓｂ氏は一昨年まで約一一年間英会話を学んでいた。その他にもワープロや墨絵の同好会に参加しており、墨絵は自分史の表紙にイラストとして入れている。また、第四章でふれたように、二〇一〇年当時自治会長をつとめる若狭地域の村御願にも積極的に関与している。

〔21〕Ｉｓ氏は結婚後数多くの習い事をしている。「結婚してからは、夫の理解があったので、時間があったら洋裁や生け花、料理、ペン習字、書道を習っていた。新報の文章教室で（エッセイが採用されたことにより）自信をもつことができた」と語る。また、七〇歳から市内の老人福祉センターでパソコンの講座を受講し、一年がかりでワープロソフトを扱えるようになったという。

〔22〕講師に参加者が謝礼を支払うことは禁止されているが、品物や金銭を謝礼として講師に渡そうとする趣味クラブはいくつかあるという。参加者に旅行土産や差し入れを配る延長で講師へ謝礼を渡す、あるいはより具体的に謝礼金を出す場合もある。しかし当人らには禁止行為を行っている意識は全くない。

〔23〕Ｉｓ氏もこれまで新聞に掲載された文章をスクラップしている。またＩｓ氏は三〇年ほどカトリック教会に通っており、Ｉｓ氏が記すエッセイには、宗教的関心が多くみられる。宗教的関心は学習意欲ともつながっており、彼女は、「自分の思いは努力すれば実る」という宗教家の著書の一文を信条としていると語る。この信条から、Ｉｓ氏は自分自身を書き表すために日々のエピソードを新聞に投稿するようになったという。

〔24〕趣味クラブも、講師を指定管理団体から委託しているため、基本的に参加費は無料である。クラブで消費するお茶や菓子は年度初めに参加者から徴収、あるいは旅行の手土産などの差し入れとして提供される。

第六章　独居老年者と老い

前章では、現代日本社会における老年者の立場を考える際真っ先に言及されるであろう福祉の対象としての老年者の姿について、那覇市が実施している参加型サービスに自由に関与する老年者の様子を記述した。本章では、この対象設定からは検討できなかった老年者、すなわち参加型サービスに参加していない老年者の老いに目をむける。具体的に取り上げるのは、辻地域と若狭地域に単身で居住する老年者五人の事例である。彼らをふたつの居住パターンに分類し、社会関係構築のきっかけとその過程で行われる対応を検討する。この作業をとおして福祉制度がかかわることのない個人の社会的役割や生活の場面に現れる老いに合わせた対応を示すことが、本章の目的である。

これまで述べてきたとおり、辻地域と若狭地域は戦後居住者の属性が大きく変化した地域である。現在の居住者の多くを占める福祉の対象である老年者の大部分は、米軍兵士向けの飲食店やホテルを一家で経営するために移住し、四〇～五〇年ほどをこの地域で過ごしている。彼らが形成してきた郷友会は現在形骸化しているものの、長年の居住という個々人同士の関係によって地域全体で日常生活の各場面に現れる関係性はいまだ維持されており、前章でふれた参加型サービスの場でもそれはあらわれている。それに対して本章で取り上げるインフォーマントは、宮古出身ではなく老後に単身で移住した独居者であり、何らかの事情で出身地を離れ、身寄りがないか子や親族への遠慮から独居を選択した老年者である［1］。

本章では、まず通常想定されるようなアパートや一軒家に居住する老年者（以下、単独独居老年者）について記述する。彼らは、地域に居住してきた経験の長短に限らず、地域社会内に社会関係を形成している人々である。続いて、辻地域の低価格の月間契約式宿泊施設（以下、短期賃貸アパート）に入居する独居老年者（以下、短期賃貸アパート独居老年者）について記述する。彼らはいずれも地域との接点をもちにくく、またもたないことを選択した人々であり、非常に特殊な居住形態をとる。この事例を取り上げるのは、日本の都市部における老年者の新たな生活形態と老いの可能性を示しておきたいと考えたからである。

本章で紹介する事例について、強調しておきたいことがふたつある。

ひとつは、若狭地域の独居老年者を取り上げるのは、辻地域に独居する老年者との地域間比較を想定したためではないことである。彼らは辻地域を対象とした調査の過程で徐々に分析対象として浮かび上がってきた人々であり、パターン分類を行う目的も、辻地域と若狭地域との比較ではなく、先述した居住条件の比較にある。

もうひとつは、老年者のふるまいにおける、主体性の解釈である。たとえば交友関係をもとうとしない、ひきこもる、などの通常否定的な意味合いをもつ行為であっても、老いる上での主体的になされるものとしてとらえる姿勢をとるということを、先に示しておく。

一　独居老年者の生活状況

事例の記述に入る前に、沖縄県および那覇市の独居老年者の状況を簡単にまとめておく。全国の独居老年者世帯は二〇〇〇年で全国三〇三万二〇〇〇世帯であるのに対し、二〇〇五年は三八六万五〇〇〇世帯に増加している［内閣府　二〇一一］。沖縄県では二〇〇二年時点で三万五〇〇〇世帯［沖縄タイムス「長寿」取材班　二〇〇四］、二〇一一年度で五万五五六二世帯、那覇市では二〇〇二年度で九三〇一世帯、二〇一一年度で一万四六五九世帯と、ともに全国同様増加の傾向にある［沖縄県企画部統計課／ウェブサイト］。

昨今の日本では、地域の過疎化、経済難、移住の増加による地縁の崩壊、子世代の沖縄県外への移住にともなう別居の増加など、老年者が地域や家族のなかで生活する環境が失われつつあるといわれる。とりわけ、独居老年者世帯・老夫婦世帯という老年者への扶助機能をもつ社会関係が欠如しがちな居住形態の増加は社会問題として取り上げられて久しい。辻地域でも、地域の高齢化に加えて、独居老年者世帯・老夫婦世帯の増加傾向が指摘される。

老年期は社会的孤立に陥りやすい時期であり［永田・原・萩原・井上　一九八二］、とくに独居の場合は「慢性疾患に対する日常生活の不十分さ」「経済条件の不安定さ」に加えて「精神的扶養が得られにくい」ことが指摘される［須田　一九八六］。生活面に不安を感じる独居老年者は多く、内閣府が二〇〇二年に実施した「一人暮らし高齢者に関する意識調査」では、全国において現在の日常生活への不安を抱える高齢者は四割、将来の日常生活に不安を抱える老年者は六割以上である［内閣府　二〇〇二］。日常生活への不安の解決にあたってまず想定されるのは子による援助であるが［2］、二〇一〇年の「高齢者の生活と意識に対する国際比較調査」によると、週一回以上別居の子と接触する割合は五一・九％、月一～二回以下の頻度で接触する割合は四八・一％と、独居老年者宅への子による訪問は低頻度とされる［3］。家族の訪問、友人との交流がほとんどない世帯も多い［内閣府 二〇一〇］。一方、石嶺による沖縄県大宜味村での研究、當山・戸田・田場による三重県過疎山村での単身世帯高齢者の研究からは、適度な近隣関係による生活モラールの向上が指摘されており［石嶺 一九八九、當山・戸田・田場 二〇〇三］、独居の老年者の生活を支える上での孤立の解消・精神的扶助などの一助において、近隣・友人関係によるインフォーマルなサポートの必要性が示されている。しかしながら家族の訪問だけでなく、友人との交流もほとんどない世帯も多いのが現状である［内閣府 二〇一〇］。

地域との接触がない独居者についてみると、二〇〇八年に沖縄市が行ったアンケートでは「外出が一週間に一回程度」が単身世帯全体の二三％であり、二〇〇六年調査時の一五％から大幅に増加していることがわかる［沖縄市 二〇〇八］。独居であることがひきこもりや社会的孤立へとつながる事例は、沖縄県や那覇市についても多く報告されている［沖縄タイムス「長寿」取材班 二〇〇四］。集合住宅でもこのような孤立傾向はみられ、「団地など密閉性の高い住居では、なかから鍵をかけて顔すら見せないお年寄りもいる」［沖縄タイムス「長寿」取材班 二〇〇四：一三九］など、地域福祉における昨今の課題となっている。また、老年独居者数は三分の二を女性が占めるが、独居に限らず老年者の孤立傾向は女性よりも社会ネットワークが狭い男性に顕著とされることも紹介しておこう［Kahn 1983］。

このように、全国的にも沖縄県内でも独居老年者世帯の増加は急速であるし、それがはらむ問題も同居者のいる老年者と比べて深刻なものになりやすい。以降は、辻・若狭地域に暮らす独居老年者の日常生活において、老年であるがゆえに生じる様々な問題の背景と、老年者の対応を紹介、分析する。

二　単独独居老年者

まず取り上げる二人は、独居ではあるものの、地域内に自身の役割を見出している老年者である。

ＹＳ氏（七〇代男性）

ＹＳ氏は本島北部出身で、二〇年ほど前に若狭地域に移って以降、周辺のアパートを転々としている。二〇一一年に現在の住居であるアパートの二階に入居した。

那覇に移る前は出身地域で畜産を営んでいた。一五人兄弟の七男であるため、「そのころは親父や兄弟がいて、土地が空かず狭かった」という。そのため二〇歳から二五歳までは各地の米軍基地内での仕事に就いた。「飲み食いは全部将校に連れられて行って、タップクラブとか歩き回って、金は全部（将校が払った）。たばこも車も全部軍からもらって、アメリカの高校生とデートをして最高だった」、「当時チョンガー（独身）だったから。あの五か年は最高だった」と語る。

二五歳からバス運転手となり、六〇歳まで那覇から名護までの路線に従事していた。バス会社を退職後は数年間タクシー運転手をつとめた。観光客を主な乗客とし、すでに若狭地域に居住していたこともあり辻地域の風俗店に乗客を連れていくことがよくあったという。当時は店からのマージンもあり、高い収入を得ていたという。現在も十分な年金を受給しており、経済状況は裕福ではないものの困窮していない。

旧盆などの親族祭祀を行う時期には基本的に生家である祖母の家を訪問するという［4］。しかし位牌は大阪に居住する長兄が祀っており、両親を祀る墓も同様に移してしまっているため、「何かあったら大阪に行く」という。

三〇代前半で結婚し、那覇市の隣市に住居を構えたが、夫婦間の性格の不一致により、離婚はしていないものの長年別居生活を送っている。妻子には現在の住居も知らせていない。最後に会ったのは自身と妻の年金受給手続きを行った際であり、このときも手続き後すぐに住居を移してしまったという。長男にあたる息子もいるが、この事情から自身の位牌をみる者はいないだろうと考えている。

釣りを趣味とし、しばしば所有する軽自動車で友人と本島北部まで出かけることがあった。しかし、体調の悪化や以前同じ住居の下階に入居していたことから親しくなったという釣り仲間の男性と仲たがいしたため、釣りに出かけることはなくなった。二〇一一年以降しばしば体調を崩し、入退院を繰り返している。病院へは自発的に訪れ、納得するまで治療の説明を聞くなど健康や自立を意識する様子がみられるが、体調不良にあっても年金以外の高齢者福祉サービスを利用することはなく、とくに参加型サービスは「行くようなところではない」と語り、利用することはない。普段の食事以外にも小魚を調理しスクガラス（アイゴの稚魚の塩辛）を作ったり、テビチ（豚足）を煮たり、唐辛子を加工したりするなどの調理を積極的に行っている。酒好きであるが、泡盛は飲めないので冷蔵庫にはビールが何本も入っている。彼を訪れる客もビールをもってくるため、昼から飲酒していることが多かったが、最近は飲酒量も減っている。二〇一二年には軽自動車を処分、「近所を回るには十分だから」と原動機付自転車を購入した。二〇一三年には体調も回復し、自動車の再購入も検討しているという。

また、二〇一一年に住居を移ってからはアパートの大家や同じアパートに住む老年者、近所の独居老年者から依頼をうけ手伝いにいくことが増えたという。依頼内容は電球の交換や家電の配線、雨水用排水パイプの修繕、アパート建具の取り換え、内外壁の塗装など、簡単ではあるものの「男手」が望まれる作業である。そのため、彼の自室には前のアパートにはみられなかった多くの工具が壁にかけられ、ペンキや排水パイプなど修繕用の部品が室内に置かれるようになった。「同じアパートに住む独居老年女性が生活保護を受給する手続きの世話」という、近所づきあいを超えるほどの「手伝い」をすることもある。このお返しとして、食材の差し入れや入院にあたっての援助をうけている。

ＹＳ氏は地域の老年者と接する機会を積極的にもうけており、その背景にはより身体的に老化した、弱い人々を助けようとする感情がある。彼らに比べて自分はまだ元気だ、と思うことが精神的な支えのひとつになっているようであり、これが自身の病気によって困難になると、昔の自分とのずれに戸惑いを感じる言葉が聞かれるようになった。

Ｍｈ氏（八〇代女性、若狭地域司祭者）

Ｍｈ氏は本章で取り上げる他の四人とは異なり、若狭地域に四〇年間居住している。那覇市内の別の地域の出身であり［5］、現在は三階建ての古い戸建ての二階のみを利用して一人暮らしをしている。夫とは死別し、子どものうち若狭地域内に嫁いだ娘からは頻繁に電話があるというが、息子二人、とりわけ本土に移った息子とはほとんど交流がない。

Ｍｈ氏は幼いころから足をわずらい、自宅の隣にいたヤブヤ（医者）に通ったり、何度も手術を繰り返している。現在も完治しているとは言いがたいが、家具や手すりにつかまりながら、ゆっくりであれば身の回りのことをすることができるという。それでもごみの収集などの老年者向けサービスや、新規に開院した近隣の病院が経営するデイケアを利用している。このデイケアは送迎サービスがあり、またストレッチやペダルこぎ運動など、足の運動をするメニューがあるのがよいのだと語る。

Ｍｈ氏は二〇一二年現在、若狭村御願の司祭者役をつとめている（第四章参照）。そもそも彼女が神事にかかわるようになったのは、夫の病がきっかけであった。夫は幼いころから霊能者としての能力が高く、それを知った夫の母親は彼をつれてユタに判断に出かけていたという。このことから、夫はユタ業に類する仕事もしていたようである。

Ｍｈ氏が夫と結婚したのは戦後まもなくの時期であり、その後すぐに那覇市内に家とアパートを建てたが経済的問題で売却した。その後は夫婦の門中のつてを頼って市内の借家を転々とし、四〇年ほど前にやはりＭｈ氏の門中のつてで現在の居住地に移った。このときＭｈ氏は同郷であり、若狭地域でボート屋（水上店舗）を経営していた知人の紹介で、病のため職に就くことができなかった夫に代わり、ボート屋を営むことになった。このボート屋は非常に繁盛し、波上宮の祭りの際に売られるおもちゃの卸し販売を兼業する余裕もあった。一二年間経営したが、隣接していた店舗の火災で類焼してしまったという。

Ｍｈ夫婦が住居を転々とせざるを得なかったのは、夫の病のためであると彼女は説明する。病院を何度か転院しても原因がわからず、また受け入れを拒否される病院もあったという。Ｍｈ氏は夫とともに各地へユタの判断に出かけ、また様々な拝所を回った。そうしているうちに、夫の病の原因は借りた家々に残されていた拝所[6]や、Ｍｈ氏も「カミ」に仕えるための生まれにあることによることがわかったという。そこで彼女が夫の病の治癒をカミに祈ると、夫の病状は回復した。しかし、Ｍｈ氏は自分がカミに仕える生まれであることに戸惑った。なぜなら当時は育児中であり、末子にいたってはまだ小学校にも入学していなかったからである。そのため、「カミへの感謝」もとくにしなかった。すると夫の体調の悪化や、ボート屋での客とのいざこざで怪我を負うことなどの問題が重なった。そのため、彼女は「（カミに仕える生まれであるという）宿命を理解し、（神事を）習うことにした」というのである［7］。

Mh氏宅の居間となる二間続きの一室には、翁と媼・七福神・竜神の掛け軸、二枚の観音の額が飾られ、それぞれ鏡や玉、塩、酒などが供えられている。奥の部屋には仏壇が二基置かれており、手前には夫の一族の位牌［8］、奥には男兄弟のなかった彼女が長姉に代わってしかたなくひきとったというMh氏の祖先の位牌が祀られている。

若狭地域に出自をもたないMh氏が若狭の地域祭祀をとりしきっているのは、二〇〇〇年代半ばごろ、当時の自治会長と当時自治会役員であったSb氏から依頼されたためである。前任者が後継者を指定することなく死亡したため、Sb氏や地域住民から推薦されたのだという。それまでMh氏はユタ業を営んではいなかったものの、若狭地域に居住する知人に頼まれてヌジファ（魂抜き）［9］儀礼を行ったり、埋め立てられようとする井戸の様子を見に行くなどの宗教的依頼を受けていた。つまり、Mh氏の推挙は、若狭地域に出自をもつことではなく、神事の作法に関する知識や技能をもっていることが重視されたのである。

Mh氏は当初、若狭地域の出身ではないために自分は地域の司祭役をつとめる「宿命ではない」として断った。しかしこの時、若狭地域に祭祀の作法を知る者は彼女以外にいなかったため、Mh氏は若狭地域の者に作法を教えることにした。つまり、あくまで地域出身者に祭祀をつとめさせようとしたのである。しかし、地域内で火災が相次いだために、Mh氏は知識をもつ自分が直接祭祀に関与しないやりかたに疑問を感じるようになる。そして三回目の神事で「このやりかたではだめだ」ということが「わかった」。こうした過程を経て、Ｍｈ氏は若狭地域の司祭者役に「代役」として就任するのである。その後も自分は代理であるとして引退を希望しながらも、若狭地域の祭祀を取り仕切るべき人員は輩出されていないとして「手伝い」を続けていた。

しかし二〇一三年、「地域の拝所を知らなければと（若狭地域を）回っていたら、（Ｍｈ氏の）門中の先祖がこ（若狭地域）のカミンチュをやっていたことがわかった」ことから、今後も若狭地域の祭祀を続けていかなければならないと思うようになったという。とはいえ足が不自由であるという身体的負担もあり、司祭者役の後継者として地域に居住する六〇代の女性を推薦している。「彼女に（司祭者の役目を引きつぐ）しらせがきているのだが、『私はまだまだ（未熟だから）』といってやろうとしない」ということである。現在この女性は、Ｍｈ氏が拝みを行う際には率先して車を出し、足の悪いＭｈ氏を支えるように神事を手伝ってくれるという。実際、私が見学した二〇一二年の秋御願でも彼女がＭｈ氏を手伝いながら拝所を回る様子がみられた。

三　短期賃貸アパート

続いては、単独独居以上に社会関係が欠如しがちな住環境にある老年者の暮らしを紹介したい。彼らを取り上げる理由のひとつは、私が辻地域で調査研究を実施する際に滞在したのがこの短期賃貸アパートであったことにある。しかしそれ以上に、実際にアパートで生活を送るなかで知りえた彼らの暮らしは、本章の冒頭でも触れたような都市化の最中にある新たな老いの形態であると、私は考える。

その詳細に入る前に、老年者たちの住居である短期賃貸アパートの特徴についてまとめておきたい。短期賃貸アパートは、一九七〇年代初頭に建築されたホテルを現経営者が改築、二〇〇三年に開業した。長期滞在者向けの月間契約型の宿泊施設であるが、長期契約により正式な住所とすることができることから、沖縄県内での就労や移住を目指す県外出身者がその足掛かりとして利用することが多い。また、県外で失業・離婚などの事情を抱えた県内出身者が県外からUターンするために、利用するケースもみられる。

以下、本章で扱う事例の中心である二〇〇九年当時のアパートの概要をまとめる。

六階建のビルのなかには約一三〇室が設置されており、炊事場・風呂などが共有であるカプセルルームと個室ドミトリー、および完全個室であるワンルームの三種のプランが用意されている。入居に際して必要なのは身分証明書と入居料のみで、保証金は必要ない。本章で取り上げるインフォーマントであるHI氏、Kn氏が入居しているのはカプセルルームで、一か月の家賃は約二万五〇〇〇円であり、長期契約による割引サービスも提供されている。那覇市内のマンスリーマンションの一か月の滞在費は六～八万円であるため、周辺の住居と比べて非

写真㊽　短期賃貸アパート外観

写真㊾　カプセルルーム個室内
（アパートウェブサイトより）

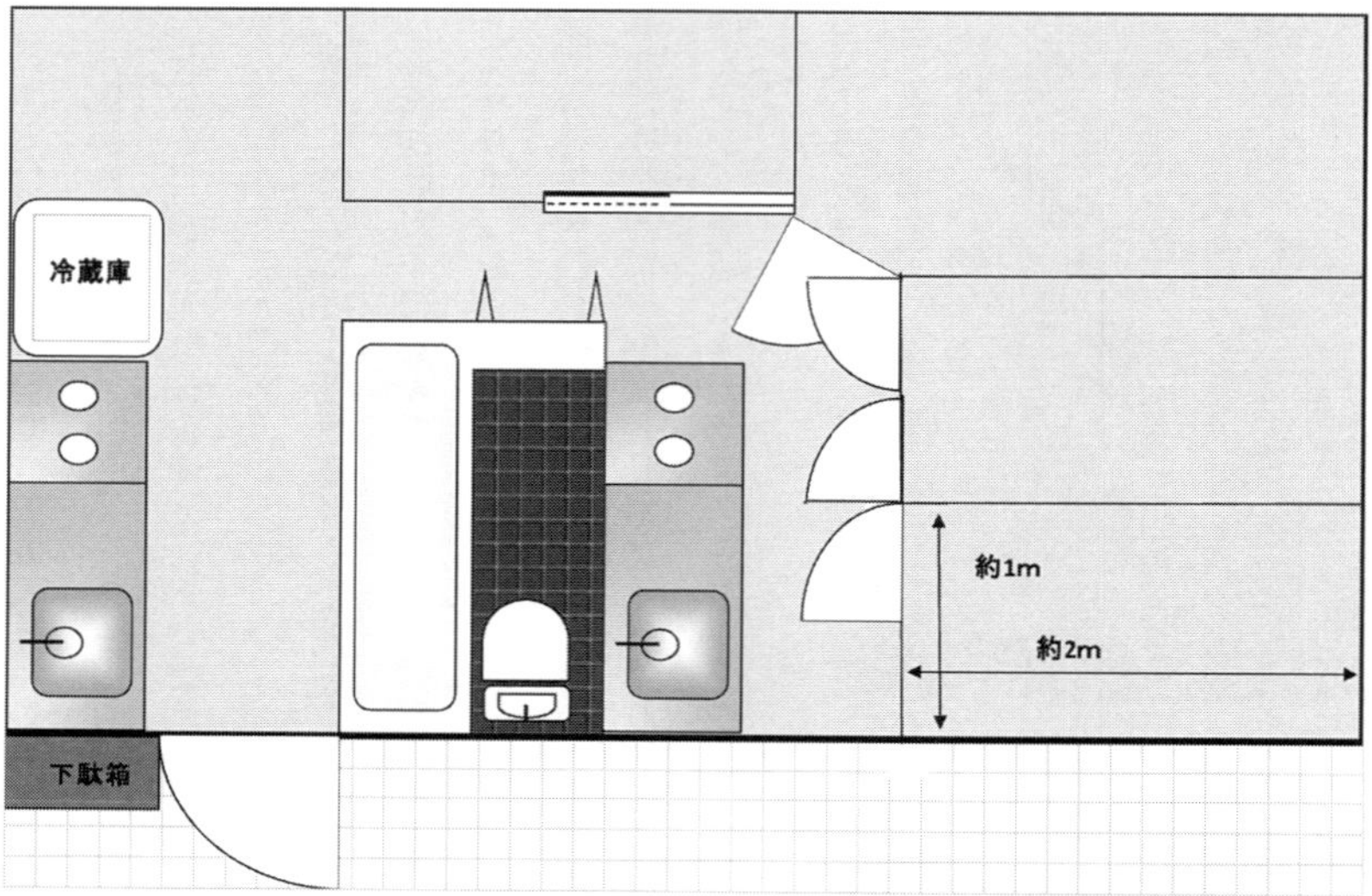

図⑥　女性専用カプセルルームエリア見取り図（筆者作成）

常に低価格で利用できる。

　カプセルルームには男性用三エリアと女性専用一エリアがある。エリアの出入り口には鍵のついた扉が設置されており、そこで外履きを脱いでエリアに入るようになっている。ワンルーム二室分の広さであるエリア内には、共用のキッチン、ユニットバス（女性用カプセルルームの場合は加えて二人が食事できるほどの共用の空間）を除いた空間を三～四区画に木製板で区切り、さらに上下に仕切って一区画に二部屋を確保する形で、全体で六～八個室が設置されている。さながら養蚕に用いられる簇《しゅく》のようである。上段個室の床板が通常の床から一メートル三〇センチ程度の高さに位置するため、個室は上下段とも天井が低く個室内で直立することはできない。また上段個室に入るには狭い通路壁面部分に作りつけられた梯子を利用することになり、手すりもないため足腰の弱い老年者には利用が難しいといえる。個室入り口には木製扉と小さな鍵、個室内には小さな棚が作りつけられており、ブラウン管テレビがおかれている。個室内の備品はこれに加えて寝具、照明、電源二か所である。

共用のキッチンには備品の調理器具や食器が置かれている。食材・調味料は各々で管理するが、冷蔵庫は、女性専用エリア以外はカプセルルームエリア外のアパート廊下部分にしか設置されておらず、また盗難が多発するため利用しない者も多い。さらに男性用カプセルルームには共用空間がないため、個室外に私物を置くことはできない。女性専用エリアの共有空間には私物が置かれることがあるが、あまり多く私物を置くと他入居者から注意されることがある。同様にキッチン・ユニット形式の風呂トイレの使用状況は同じエリアの利用者の間でトラブルになりやすい。個室利用にあたってもテレビや電話の音声が他個室に漏れないよう、従業員から注意するよううながされる。冷暖房はエリアにつき大型のエアコンが一台設置されているので、個人が自由に室温管理を行うことはできない。

短期賃貸アパートの設備としては他に喫煙所を兼ねる屋外の交流スペース、それに併設する同経営者によって経営されるレンタルバイク駐輪場、屋上の洗濯干し場、コイン式ランドリールームがある。また契約者以外の敷地内への立ち入りは禁止であるため、訪問者はアパート玄関先まで入居者を呼び出さなければならない。従業員は台湾出身の経営者、経営者の妻子、沖縄出身の事務員、作業員二人、パート清掃員である。二〇一二年以降、沖縄県外出身の作業員を数人加え、カプセルルームを中心として客室数、レンタルバイク台数を増強している。

四　短期賃貸アパート居住老年者

続いてインフォーマントの日常生活における参与観察の結果を記述する前に、アパート入居者の性質とインフォーマントの選出理由について簡単に述べておきたい。

アパート利用者はおおむね一か月～半年程度滞在する。年齢層は二〇代前半から幅広いが、男性が多数を占める。入居者の多くは昼夜問わず仕事に出かけるため、生活サイクルの違いからアパート内で交友関係を形成することは少なく、孤立性の高い住居であるといえる[10]。アパートの交流スペースで会話を楽しむのは、就労していない、旅先での交流に楽しみを求める長期入居者がほとんどである。彼らは後述するように短期賃貸アパート内での社会ネットワーク形成に重要な役割を担っているが、数か月でアパートを離れてしまうため、そのネットワークは維持されることはない。

孤立傾向は老年者も例外ではない。短期賃貸アパートに入居している老年者のうち、何人かは部屋から出ること自体ほとんどなく、近くの商店やスーパーへの買い出し以外に見かけることはない。二〇〇八年からの調査で確かめられた老年の入居者は五人、うち他入居者と会話する者は三人であった[11]。本章で取り上げるＨＩ氏、Ｋｎ氏、ＳＮ氏はこのうちの三人であり、アパート運営開始当初より居住している。ＨＩ氏、Ｋｎ氏は一日の多くの時間を交流スペースで過ごし、ＳＮ氏は頻繁に外出しているため、個室内でひきこもることは少ない。

ＨＩ氏（六〇代後半男性）

一度短期賃貸アパートを退去した後、いくつかの低価格宿泊施設での滞在を経て、再度入居した。最初に退去した理由は光熱費への不満と、気難しい印象から他入居者に相手にされなくなったためであるとアパート経営者は語る。日中、交流スペースに座って喫煙している姿をよく見かける。この理由を、顔見知りとなった従業員や他住民に心配をかけないよう、ひきこもりを避けるように心がけているためと彼は説明する。寡黙で積極的に誰かに話しかけることはないが、こちらから話しかければ気さくに接してくれる。他入居者から誘われれば、共用スペースでの飲み会に参加することもあるし、男性の入居者とアパート近隣の風俗店について情報を交換したり、連れ立って出かけたこともあるようだ。

ＨＩ氏は本島中部に隣接する離島出身で、漁業を営んでいた。出身地域では地区区長をつとめていたが、地域内でのトラブルにより退き、家業を辞め、六～七年前に家を処分し島を離れた。姉の住居に移ったのち、「いつまでも世話になれないので」那覇市に移ったという。現在は短期賃貸アパートに単身で入居し、二〇〇八年に那覇市に住民票を移している。無職であるため再就職を希望していたが、警備職に就職しようとした矢先に持病が悪化したため、あきらめざるをえなくなった。持病は二〇〇八年頃から患っており、病気以前からアパートを訪問していた隣市に住む娘の一人がＨＩ氏を病院に連れていく。息子二人はともに本土に就職しており、同居を勧めているが、「内地は働くところがない」と、沖縄を離れることは考えていない。

ＨＩ氏は常に「（なにかしたいが）することがない。できる場所がない」と嘆いている。那覇市長選でも自身の生活状況を鑑みてか「今（の世の中）をみていると、年金を貰えるのは俺の世代だけだろう。だからこうして（年金で）遊んでいられるんだけど」と語った。こうした考えにもとづいてか、ＨＩ氏は辻地域で開催されているデイサービスや介護予防を目的とした福祉サービスには「行きたいとは思わない」といい、利用することはない。私が調査の一環で近隣のデイサービス施設に出入りするのを、喫煙しながら不思議そうな顔で眺めている。

二〇〇九年六月ごろ、娘の勧めで失業保険を得て那覇市の他の地域に移った。当初は散歩がてらアパート在住の知人に顔を見せにくることがあり「今はよく歩く（ので健康である）」と語っていたが、しばらくたってからは姿を見せない。

また、HＩ氏は漁業を営んでいたため海や漁の知識が豊富である。入居者が釣ってきた魚を頼まれてさばくこともあるが、カプセルルームの共用炊事場で魚を調理すると煙や匂いなどの苦情が出るため、調理する場がなく、普段は個室内で一人、簡単な食事で済ませている。

HＩ氏は仕事や区長としての役職を辞したことで社会ネットワークの再編を迫られた際に、諸事情を抱え居住していた地域を単身で離れたため親族や地域の関係を維持できなかった。彼がこのアパートであまり積極的にコミュニケーションをとらないのが過去のアパートでの人間関係や出身地域でのトラブルに起因しているかどうかは定かではないが、とくに若年者に対して距離をとることが多く、後述のＫｎ氏がアパート入居者とどこかに出かける際も、皆を見送り自身はアパートに残るということがよくみられる。

また、HＩ氏は他者から支援を受けたり負担をかけることを避ける傾向がある。これは生活の基盤となっている短期賃貸アパート入居者や従業員だけでなく、一般的に生活上の支援が期待される親族に対しても同様である。HＩ氏は就業していないことに引け目を感じているようであり、市長選の際の発言のように「俺はいつも遊んでいる」というような発言がしばしばみられる。家業と区長という役職を失ったことが彼の精神的支柱の喪失につながっていると考えられる。また沖縄を離れた息子の世帯に世話にならない理由にも就業をあげている。

Ｋｎ氏（六〇代後半女性）

カプセルルームが完成した当時から居住している。本島北部出身で、若いころに肉親をすべてなくし、二〇代のころ就職のため那覇市に移った。本人は明言しないが、カプセルルームに入居したのは収入面に不安があるからだ、と経営者は語る［12］。Ｋｎ氏は他入居者に対して非常に面倒見良く接し、日頃、交流スペースやランドリースペースを自主的に清掃したり、単身入居者によく料理をふるまっている。私は同じカプセルルームエリアの隣室に入居していたため、彼女によく食事をふるまわれた。カプセルルーム個室の扉をトントンと叩き、声をかけてくれるのである。あるとき、同カプセルルームエリアに居住するＡｋ氏（二〇代、沖縄本島出身）と一緒にＫｎ氏の料理をふるまわれた際、Ａｋ氏は「私はいつも仕事で、Ｋｎさんとは普段部屋にいる時間帯が違うから、こういうことしたことがないね。ありがとう」と感謝の気持ちを述べていた。

Ｋｎ氏は休日に仲の良い入居者とドライブに出かけ、出身集落の近くの市場で買い物をすることを楽しみにしている。彼女とよくドライブに出かけるＩＫ氏（二〇代男性、沖縄県出身）は、「うちもおばあちゃんが（沖縄）本島にいるけど、一番遠い集落だからなかなか行けないから。おばあちゃん孝行みたいな（気持ち）」と語る。こうした様子から、Ｋｎ氏は旅先での交流を期待する長期の入居者には「おばぁ」と呼ばれ、親しまれている印象を受ける。しかしながら、とくに料理のさしいれについては「味付けが合わない」「こんなに食べられない」など、困惑を隠せない入居者も多い。ドライブへの同行も、「レンタカーの手配が手間」「休日は休みたい」と入居者が煩わしがるときもある。こうしたやり取りについてはＫｎ氏も強要することはなく、相手の反応を見て対応し、場合によってはその入居者との接触を避ける場合もある。

Ｋｎ氏はこれまでに何店かのスナックの経営者をつとめていた。近年まで働いていたスナックは隣市に位置するため、アパートからスナックまでは公共バス以外に移動手段がないこと、また加齢により移動の際の身体的負担が大きくなったため、二〇〇五年ごろ退職する。これを知ったアパート経営者により、アパートの清掃員パートの仕事を依頼され、二〇〇八年一一月から二〇〇九年末まで従事していた。仕事内容は入居者退去後の室内の清掃、寝具の設置が中心であるが、仕事に含まれない場所や建物前の道路の清掃もすすんで行っていた。清掃にあたって体に負担がかかり、とくに足に痛みを感じることが多くなったが、「足が痛いといったら仕事がなくなる」と、経営者に申し出ることはなかった。ときおり自分が入居しているカプセルルーム共有の風呂、トイレを自主的に掃除しており、のちにアパート経営側が清掃員を入れても「(手間をかけさせるのが)悪い」と、簡単ながらも掃除を続けていた。

その後、二〇一〇年に足の痛みの悪化にともない退職、生活保護を受けアパートの向かいの集合住宅に移った。この頃から近隣の住民と立ち話に興じるKn氏の姿をみかけるようになったが、その後も早朝にはアパートに掃除にやってきて、従業員や知り合いの入居者との立ち話を楽しんでいる。

Kn氏はスナックづとめの経験からか多くの衣服や服飾品を所持している。しばしば上着や寝具を共用スペースに放置しており、Ak氏に注意を受けたことがある。Ak氏は「荷物が多いのは仕方がないけど、みんなで使うところだからちゃんと言わないと。おばあちゃんだからだらしないところがあるよね」と私に説明したが、その後数か月間、Kn氏はAk氏と顔を合わせようとしなかった。

Kn氏は頼るべき家族・親族をもたず、そのため近隣・友人関係によるサポートが期待されるケースである。Kn氏はアパート入居者に対して非常に積極的に交友関係を構築しようとする。そのやりかたは食事の差し入れ、清掃などの相手への奉仕が中心であるが、相手によっては疎ましがられることもあり、その際Kn氏は相手と距離をとったり、場合によっては関係自体を切断してしまう。また短期賃貸アパート内や周辺の清掃は、後述するように収入のための就労というよりも、奉仕をとおしたアパート内での居場所の確保といったような意味合いが強く感じられる。

ＳＮ氏（七〇代男性）

ＳＮ氏は短期賃貸アパートのワンルームに入居している。アパートに移る前は隣市の市営団地に住んでいたが、「立ち退きで追い出された」のだという。二〇〇九年頃、親族の家に世話になるとしてアパートを退出したが、しばらくして再入居した。

一九四〇年、両親の移民先であるパラオに三男として生まれた。終戦をむかえると現地で米軍に収補され、その後沖縄本島中部の収容所で何か月か過ごした後、那覇市内に家族で移った。戦後は那覇市内の米軍基地内に居住しており、基地内に職場をもつ兄の収入は非常によかったという。自身も米軍関係者宅のハウスボーイをして小遣いを稼いでいた。このような戦争体験をいつか文章にまとめるつもりであるという。

その後、海洋開発関係の仕事に従事した。仕事の都合から日本各地に出張・旅行しており、多くの写真を見せながら往時の経験を聞かせてくれる。また、このために現在は老後の一人暮らしを安定して送ることができるほどの年金を受給している。

妻とは三〇代のころ死別している。残された二人の娘が独立してからは、ＳＮ氏はずっと一人暮らしをしているという。「小学二年生のころから親にしつけられた」といい、炊事は自身で行っている。四〇代と三〇代半ばになる二人の娘は二人とも沖縄本島に住んでいるが、「（娘に）遠慮している」、「一人がいい」ため、同居だけではなく子のそばに住むことも避けているという。

両親の位牌と仏壇は隣市の長兄の家にあり、親族祭祀への参加や挨拶のため時折そちらに顔を出すという。一方、娘を含めてＳＮ氏の親族がアパートを訪問することはない。また息子がおらず、ＳＮ氏の墓や位牌を継承する者がないため、墓は「長男ではなくても入れる」という本島南部の門中墓に入るつもりであるという。ＳＮ氏は、旧盆や正月、ウマチーなどの祭祀の際に親族宅を訪問するなど祖先祭祀に熱心であるが、「仏壇があったとしても、今の住まいには置けない」といい、現在暮らすアパートで何らかの祭祀を行うことはない。

ハーモニカを演奏することが趣味であり、以前居住していた市の要介護高齢者福祉施設と障害者福祉施設で不定期に演奏のボランティアをしている。そのきっかけは、施設近隣のショッピングモール前の広場でハーモニカを吹いているところをスタッフにスカウトされたことである。短期賃貸アパートから待ち合わせ場所である駅まで自転車で一五分ほどの道のりを行き、駅前で合流したスタッフの迎えの車で施設に向かう。もう一か所の障害者福祉施設で演奏することになったきっかけはわからなかったが、二〇〇九年、この施設での成人式でハーモニカの演奏を披露した。これらの活動に対する熱意は高く、アパートから徒歩一〇分ほどに位置する公園での練習を絶やさない。またボランティアスタッフとしての自尊心も高く、そのためかSN氏は私が辻老人憩の家で調査をしていることに興味をもっているようで、「明日はあっち（憩の家）行くの？」、「今日は行ってきたの？」と声をかけてくることが多い。彼自身も辻地域のデイサービスに参加したこともあるが、すぐにやめてしまったという。サービス利用者がSN氏のハーモニカを楽しみにしていたことを伝えると、「人が多いし、みんなで体操しているから（ハーモニカを披露する）タイミングがない」、「あっち（憩の家）は（SN氏がボランティアをしている施設と）違って病院じゃないから、（利用者はみんな）元気だから」と彼は答えた。もうひとつの趣味である囲碁についても、憩の家で行われている囲碁クラブに参加することもあったが、これもすぐにやめてしまったという。

普段は私物の自転車で市内を散策しており、HI氏が転居した地域の市場を頻繁に訪れている。散歩をしているHI氏もよくみかけたという。しかしながらHI氏がアパートに入居していた当時は、挨拶以上の会話をしている様子は見られなかった。この市場にはＳＮ氏行きつけの喫茶店があり、「年配の女性ばかりいるよ。あんなところにあなたくらいの若い子が来たら、面白いよ」と私を案内してくれたこともある。この喫茶店では「しゃきしゃきやらんと」、「はきはきやらんと」という言葉も飛び出し、短期賃貸アパートにいるときとは違った「元気な」印象を受けた。また、二〇一二年ごろよりこの市場のそば屋で囲碁を打つようになった。メンバーは店主を含めた四人で、店主が囲碁が好きなのだという。「昨日は夜中四時に帰ってきたよ。夜中二時までやるの」と楽しそうに語る。「昨日も大将から、電話で、仕事が休みなので来い、と呼ばれた」と語る様子は子どものようであり、趣味をとおして居場所が得られたことに満足しているようである。

事例① ある一日のアパート交流スペース

先にも述べたとおり、このアパートには入居者の交流を目的とした共用空間が設けられている。本項ではこの交流スペースを定点とし、ＨＩ氏とＫｎ氏の基本的生活サイクルと、その暮らしぶりを描写してみよう。

早朝五時三〇分頃、夜間の仕事を終えアパートに戻り、交流スペースで喫煙していたＩＫ氏が、「そろそろＫｎさんが来る」と自室に戻る。Ｋｎ氏がつくった朝食を差し入れられるのを避けるためであるという。「仕事の後は疲れてるから。味はおいしいけど、（量が多くて）朝からはちょっと食べられない」と語る。

早朝、六時前にＫｎ氏が交流スペースに現れる。備え付けられた掃除道具のバケツやごみ袋を片手に、スペースに設置されているテーブルや椅子の周りをゆっくり歩き、落ちているゴミや吸い殻を拾っていく。簡単な掃除が終わった後はゴミ箱の空き缶を分別する。まとめたアルミ缶は七時過ぎにやってくる知人に手渡す。このために「（知人が）集めているから」と、飲み終わった空き缶を無造作に捨てようとする入居者に声をかけることも

写真㊿　交流スペースでレンタルバイクの整備を行う従業員とレンタルバイク利用客

ある。八時過ぎになると、就労している入居者の出勤で駐輪場や交流スペースが混雑し始めるため、Ｋｎ氏は自室に戻る。

日中、ＨＩ氏とＫｎ氏はかわるがわる交流スペースに現れる。ＨＩ氏は交流スペースの椅子に座り、アパート前の通りを眺めながら喫煙するのが日課である。Ｋｎ氏はゆったりと、しかし絶えず交流スペース内外を動き回り、入居者が散らかした新聞や灰皿を片づけている。Ｋｎ氏はときおり交流スペースに現れる他の入居者とあいさつを交わすが、ＨＩ氏は自分から声をかけることはない。通り雨が降ると、Ｋｎ氏は近場のフェンスにかけられている他の入居者の洗濯物をとりよせ、雨の当たらない場所にまとめておくこともある（こうしたＫｎ氏のふるまいは「掃除のおばさん」というよりは「お母さん」のようである）。ところがこれらの好意が受け入れられない場合も多々ある。入居者や従業員から「そんなに（片づけを）しなくていいからと言われた」り、「（洗濯物を）いれておいたら文句を言われた」こともあるという。そのため、Ｋｎ氏は入居者の私物には極力触れないように気をつけているという。また、ＨＩ氏もＫｎ氏も、疲れると自室に戻り、仮眠をとる。

週に一、二回、長年辻地域に居住しているＫｎ氏の友人（七〇代、沖縄本島北部出身）が辻老人憩の家の参加型サービスの帰りにＫｎ氏を訪ねてくる。この友人はＫｎ氏に限らずその場にいる誰にでも声をかけ、「いつも同じことを話す」ため、迷惑に思う者もいるが、Ｋｎ氏は彼女に文句をいいつつも親しくやり取りをしている。彼女は福祉サービスの内容やそこでの他参加者とのやりとりをＫｎ氏に語り、サービスに誘う。しかしＫｎ氏は「どういうところかわからないから」、「あなたは友達がいるから」と、かたくなにサービスに参加しようとはしない。

まれに入居者がＨＩ氏やＫｎ氏を誘って交流スペースで酒を飲んだりするものの、交流スペースの環境や夜遅くまで起きていることへの身体的負担などから、日が落ちた後はＨＩ氏やＫｎ氏が交流スペースに現れることはほとんどない。Ｋｎ氏は一八時頃には夕食をとり、二〇時頃には床に入っている。一方、ＨＩ氏は持病が悪化したころの深夜、しばしば交流スペースに一人で座っていることがあった。男性入居者（三〇代、沖縄県外出身）が尋ねたところ、痛みのため十分に眠ることができず、また加齢のため眠りが浅いことから、誰もいない交流スペースで沖縄民謡のＣＤを聴き痛みを紛らわせていたという。男性入居者ＴＢ氏（四〇代、沖縄県外出身）は痛みに苦しむＨＩ氏を病院に連れて行ったこともあるという。ＨＩ氏はしみじみと感謝を語ったが、ＴＢ氏は「おじぃ、気にするなって！」と肩をたたいた。

以上の記述が示しているのは、アパート入居者と老年者との交流関係形成の難しさである。ＨＩ氏は喫煙以外では共有スペースに現れることはあまりないが、Ｋｎ氏は喫煙者でないにもかかわらず共用スペースに頻繁に顔を出している。Ｋｎ氏の項でもふれたように、彼女の日課である共用スペースの清掃は、経営者や入居者から依頼されているわけではなく、むしろＫｎ氏が共用スペースにいることの理由づけともなっているように考えられる。

またＫｎ氏はアパートに入居している就労者、とくに単身入居者の生活を気遣って、料理を差し入れ、洗濯物を気にかけることがしばしばある。ところが一日の勤務を終え帰宅し、休日を満喫したい彼らにとって、Ｋｎ氏とのやりとりはときにわずらわしく感じられる。たとえばＩＫ氏は、普段はＫｎ氏と親しく話し、休日に共にドライブに出かけることもあるが、この事例では「仕事の後は疲れている」ためにＫｎ氏とのやりとりを面倒と感じ、彼女と顔を合わせることのないように行動している。

またアパート入居者以外との交流はほとんどない。とくにＫｎ氏は憩の家での参加型サービスに誘われているが、地域住民が形成してきた長年のコミュニティに入りにくさを感じているため参加しようとしない。ＨＩ氏はアパート内でも地域内でも積極的に交流を持つことはなく、持病の悪化に際しても他の入居者や従業員に相談することはなかった。

事例②　老年者とのドライブ

短期賃貸アパートで暮らす老年者の生活は、アパート内外を問わず他者との交流が図りにくいものであるが、老年者と入居者とが親しくやりとりする場面もみられる。その例として、入居者が老年者を誘って出かけたドライブの様子を紹介しよう。

あるとき、ＴＢ氏の申し出でＫｎ氏とドライブに出かけることになった。目的地は、自動車で行くことができる沖縄本島北部の離島である。同席していた女性入居者Ｃａ氏（二〇代前半、沖縄県外出身）が「ＨＩさんも誘おう」といい、すぐにＨＩ氏にも約束を取り付けた。ＨＩ氏は当初「俺はいいから」と断っていたが、Ｃａ氏は「たまにはＨＩさんも出かけようよ」と強引に誘い、翌日、ＴＢ氏、Ｃａ氏、Ｋｎ氏、ＨＩ氏、私の五人で出かけることとなった。

出発は一〇時ごろ、席順は運転席にＴＢ氏、助手席にＣａ氏、後部座席に右からＫｎ氏、ＨＩ氏、私である。アパートから目的地までは一般道を利用して片道約二時間半である。この日は途中でＨＩ氏の出身地である離島周辺をめぐり、また昼食としてレストランに立ち寄ったため、目的地に到着したのは一四時過ぎであった。このドライブルートはＴＢ氏とＣａ氏が決定したという。

道中、車窓から見えた景色についてＫｎ氏が感想を語り、Ｃａ氏と私がそれに相槌を打つかたちで会話が続いていた。ＨＩ氏は自分から話し始めることはあまりなかったが「こんな風に出かけることはないからなあ」、「ここ（出身の離島のそば）まで連れてきてもらってなあ」と感慨深げに語った。Ｋｎ氏はときどきＴＢ氏やＩＫ氏と共にドライブに出かけることがあるが、ＨＩ氏がこのように入居者と連れだって出かけることは、私が知る限りでは初めてであった。

目的地の島内を一周したあと、Ｃａ氏の申し出で、景色のよい場所で記念撮影をした。ＨＩ氏は車のそばで待機していたＴＢ氏との撮影を希望した。Ｃａ氏は「おじい、かっこいいね！」としきりにＨＩ氏の背中を叩いていた。

帰路につくにあたり、ＴＢ氏の提案でＫｎ氏の出身集落の近くの商店で刺身を購入、自動車道を利用し一時間ほどをかけてアパートに戻った。行きに一般道を利用したのは、せっかくのドライブなのでＫｎ氏やＨＩ氏がいろいろな景色を見たり立ち寄ったりできるように、帰りに自動車道を利用したのは久しぶりに遠出をした二人が疲れているのではないか、というＴＢ氏の配慮であった。帰りの車中でＫｎ氏はすぐに眠ってしまったが、ＨＩ氏は運転しているＴＢ氏を気にかけ、時折声をかけていた。

マンションにつくと、ＴＢ氏とＣａ氏は駐車場に、ＨＩ氏とＫｎ氏は一度自室に戻った。その後ＴＢ氏とＣａ

氏、Ｋｎ氏が他の仲の良い入居者に声をかけ、購入した刺身をつまみに交流スペースで酒盛りを行った。

後日、私が撮影した写真を現像しドライブ参加者に手渡したところ、Ｋｎ氏は「ありがとうね。ＴＢさん、男前ね。ＨＩさんもいい男ね」とにこにこしながら受け取った。ＨＩ氏も「こういうの（写真）はいい記念だなあ」と写真を眺めていた。

この事例でみられるふるまいは、ほとんどがＨＩ氏、Ｋｎ氏をドライブに誘った入居者側の気遣いによる働きかけから生じている。彼らは体に負担がないように心がけながら、二人の老年者が何を喜ぶかを考えている。また、アパート入居当初のＨＩ氏、Ｋｎ氏は共用スペースで顔を合わせた際に挨拶をする程度で、互いの名前や年齢を知らなかったが、このドライブ以降、彼らは日常会話を楽しむようになった。ここに、他入居者の介入による間接的な交流関係の形成の様子をみることができる。

居住形態から生じる諸制限

ここまで、短期賃貸アパートに居住する三人の老年者の生活状況を紹介してきた。本章全体の考察へと移る前に、短期賃貸という住居の性質が入居者の生活に与える影響について、アパート内で生じているいくつかの制限を指摘しておきたい。

まず、①時間的制限である。これは第一に、滞在者の入れ替わりが激しいために、人間関係が常に新しく構築・更新されること、第二に、短期賃貸アパート滞在者にとってこのアパートは一時的な滞在場所にしかすぎず、アパート内外での継続した社会関係を想定しにくいために生じている。このことによって、アパート滞在者同士の社会関係は全く構築されないか、偶然で一時的な関係性に限定される。

続いて②空間的な制限は、アパートの設備等によって生じる。たとえばカプセルルーム共用のキッチンは設備が不十分であり、また共用の食堂などがないために、Ｉ氏は他入居者と同席することなく自室で簡素な食事をとることになる。女性用カプセルルームには共用のスペースが設置されているため、Ｋｎ氏は私や他の入居者とともに食事をとることができるのだが、狭い居室では私物を管理しきれず、同室の入居者Ａｋ氏に注意を受けて関係を悪化させている。

さらに、老年者の場合、以上の制限に加えて③加齢にともなう身体的制限、④親族祭祀の担い手としての老年者に対する空間的制限が発生する。

③加齢にともなう身体的制限は、たとえば酒の席にさそわれても身体的疲労や体の痛みなどにより遠慮し、断らざるを得ないことである〔13〕。入居者同士の社会関係が最も生じやすい交流スペースも、屋外でありすぐ隣でバイクの整備が行われているという騒がしい環境であるため、老年者が長時間くつろぐには身体的な負担が大きい。まれに長期入居者がＨＩ氏やＫｎ氏を誘って交流スペースで酒を飲んだりすることもあるが、ＨＩ氏やＫｎ氏が夜に交流スペースに現れることは基本的にない。一方で、狭い個室内に閉じこもることも体に負担をかけるため、老年者は短時間の休息を繰り返しながら居場所を探すことになる。こうした制限は、そもそも短期賃貸アパートが老年者の利用を想定さしていないために生じている〔14〕。

そして④親族祭祀の担い手としての老年者に対する空間的制限は、短期賃貸アパートでは居住空間の多くが共同の設備であり、かつ個室には十分なスペースがないため従来的沖縄社会で老年者が管理するヒヌカンや仏壇・位牌などを設置することが困難であることを指す。実際、家庭内祭祀を行う役割をもつ女性老年者であるＫｎ氏はそうした設備をもっていないし、仮にＨＩ氏が門中の当主としての立場を放棄していなかったとしても、位牌や仏壇をアパートのカプセルルーム内にもち込むことはできないだろう。さらに、入居契約者以外はアパート敷地内に立ち入ることができないため、もし必要があったとしてもウマチーや盆などの親族全体での祖先祭祀儀礼をアパート内で行うことはできない。

加えて、短期賃貸アパートには老年者同士であることを前提とした交流が見られないという特徴は特記しておきたい。たとえば海水浴場の駐車場でアルバイトをしている老年男性やその近くの民家で草鞋づくりをしている老年女性のもとに集まってくる老年者に関する調査報告〔関沢 二〇〇二：一一七―一一八〕や、東京巣鴨のとげぬき地蔵に集まる老年者が、病気や足腰の痛みに対する治癒祈願のためだけではなくただ時間つぶしに来ている場合もあるという調査報告〔15〕〔倉沢 一九九三〕からは、老年者同士であるということ自体が社会関係を形成するきっかけとなる可能性が示唆されている。ところが、短期賃貸アパートでは老年者であることを根拠とした関係の形成はみられないのである。老年者同士の社会関係の形成は、老年者を「いたわるべき老年者」であるとする認識をもつ長期入居者が介在する場合に限られている。注意すべきは、この「いたわるべき老年者」という認識は、従来の沖縄社会的な老年者の社会的役割や社会関係ではなく「老年者への孝行をする」という一般的な道徳観念、あるいは普段の奉仕へのお返しとしての感情から発生していることである。

このように、短期賃貸アパートでの社会関係は、長期入居者による好意的な働きかけによって、間接的に形成されていく。しかしそれは沖縄的な老いを根拠とはしない。アパートで暮らす老年者の居場所は、沖縄的な老いにも新しい社会的老いにももとづかないところにあるといえよう。

五　独居老年者の老いのプロセス

本章の冒頭でも触れたように、実生活における子との接触の減少、外出頻度の極端な低下による地域・近隣との交流の欠如によって独居老年者の社会関係の構築および維持が困難になっていることは、都市部に限らず全国的にみられる現象である。この問題について、福祉行政は孤立防止を目的として「居場所」としての施設およびサービスを提供している。しかしながら、福祉サービスを利用しない老年者も多く存在する。この章で取り上げた独居老年者は全員が参加型サービスに参加していない。Mh氏は身体的な面で日常生活に困難がみられるため生活支援型の福祉サービスを利用しているし、SN氏のように趣味を通じてサービス支援側となる場合もある。しかし、参加型サービスの受け手としての利用という点に限って事例をみると、彼らが参加型サービスの利用を選択しない理由は二点に絞られる。

ひとつは前章でも指摘した、男性に多くみられる自負から来る福祉サービスへの忌避感情である。「人が多いし、みんなで体操しているから（ハーモニカをする）タイミングがない」と語るSN氏は、ハーモニカの演奏を依頼されたが満足できる演奏の場を用意されなかったことを残念に感じ、また囲碁クラブに通っても気が合わないのか通うのをやめ、居心地がよく趣味を楽しめる場を探している。またHI氏、YS氏は「行くようなところではない」というように、参加型サービスを利用すること自体否定的である。

もうひとつの理由は、すでに形成されたグループのなかに入っていくことに壁を感じることである。たとえばKn氏は老人憩の家を利用している友人にサービスへの参加を誘われるが、断っている。とくに、辻老人憩の家の利用者はほとんどが宮古出身であるため、宮古出身ではなくそのうえ長年辻地域に居住した経験をもたないKn氏が地域主導で行われるサービスに参加するうえで、その壁は大きいと考えられる［16］。

このように、彼らは、参加型サービスに関与しないことで新しい老いとの接点をえにくい人々である。一方で彼らは独居であることから、日常生活で家族や親族内で老いの立場を獲得することも難しいと想定される。それでは、彼らと老いとのかかわりはどこにあるのだろうか。

居住パターンからみる独居高齢者の社会関係の構築

本章で取り上げた老年者が自身の老いをどのように見出しているのかを明らかにするために、まず彼らがどのような社会的立場にあるかを、彼らの社会関係から整理しよう。老年者の社会関係についての研究では、性別や属性による社会関係構築の度合いや範囲に関する問題、また、労働―仕事の文脈による定年退職をきっかけとした社会関係の変化に注目する視点が中心であったが［片多 二〇〇四など］、本節では単に老後の人間関係のみならず、社会的役割を通じた地域社会内での関係や親族構造、家族内の関係までも含んだ老年者をとりまく関係を、①地域社会内での関係、②独居に対する援助が期待される家族・親族関係、の二点に絞って検討する。

まず、単独独居老年者には、地域内の社会関係に新規に参入したり構築したりする様子が見受けられる。たとえばYS氏は、居住アパート周辺の独居であったり病気を抱えた家族との二人暮らしであったりと、何らかの事情で「男手」を必要としている住民への手助けを積極的に行っている。もちろん身体状況の悪化も加味したうえで「できること」の範囲でしか引き受けないが、YS氏の手伝いに対して「お礼」として食事を差し入れる者、YS氏の入院にあたって助言や手配を手伝う者など、ある程度の相互扶助関係が成立していると見ることができる。そして、ＹＳ氏は彼らの手伝いをとおしてさらに交友関係を広げていくのである。

家族・親族関係についてみると、Ｍｈ氏はとくに近隣に居住する娘との関係を密に維持していることから、頻度は低くとも家族・親族関係が十分に維持されていることがわかる。さらに並行してゴミ出しなどの生活支援型の福祉サービスを利用することによって、できるだけ娘にかける負担を軽減させようと配慮している。息子たちとの疎遠については「忙しいから」「恥ずかしいから」という理由をあてることによって、良好な関係を保っている。一方ＹＳ氏は、家庭内の事情から家族との交流を断つことを選択しているため、自宅を訪問する家族はいない。

また、両者とも、老年者ゆえの身体衰弱や病気にすぐに対応できるような同居者、あるいはそれに近い関係の相手はいない。Ｍｈ氏は歩行に手すりや杖を必要とするが、娘は婚出しているため、同居して生活を手伝う者はいない。ＹＳ氏は日常生活の支援を期待できるような身内がおらず、身体状況の悪化にあたっても自分で治療を受け、自家用車を売却し、趣味の釣りを継続することも困難になっている。しかしながらこの問題は、一般的な独居世帯が抱える問題でもある。重要なのは、彼らが一般に家族・親族関係に期待される援助を、地域内で構築された社会関係によってある程度補っていることである〔17〕。

一方、短期賃貸アパートに居住する老年者の事例からは、社会関係の維持・新たな形成が困難な状況がうかがえる。

短期賃貸アパートは、滞在契約を必要とする共同住宅であるという性質上、アパート全体には「顔の見えないつながり」がある。しかし、短期滞在を前提とする住居であるため、そこに滞在する者同士の関係性は総じて短期間で更新される持続できないつながりである。このアパート内の「顔の見えないつながり」を「顔の見える社会関係」とするかどうかは、そもそもアパート内で関係を構築するかどうかという当人の判断に加えて、長期入居者の好意的な働きかけの有無が影響する。事例でこれが顕著に現れたのが、老年者同士の関係の欠如である。たとえば積極的に交友関係を作るＫｎ氏の場合も、同じ老年者であるＨＩ氏や他の滞在者との関係構築の接点となったのは長期入居者である。しかし、長期入居者もこのアパートに定住するわけではないので、ここで構築された関係性も一時的で継続されない。

加えて、短期賃貸アパートに居住する老年者たちは、アパートが位置する辻地域の社会関係にも参入していない。同郷あるいは長期の居住経験という前提がないことに加えて、住居が本来は短期滞在者向けの宿泊施設であるため、これから継続して辻地域に居住していく確証がないからである。たとえば、ＨＩ氏、Ｋｎ氏、ＳＮ氏は、地域住民が自由に参加できる盆踊りや敬老会など地域のイベントに参加することはない。参加型サービスに連れ立って参加し、趣味クラブを結成している同年代の老年者たちが練習した成果を和気あいあいと披露する場に現れることはないのである。また、ＳＮ氏は支援側として福祉の場に関与しているが、地域住人である民生委員とは異なり、地域社会とは関係ない施設職員をとおして関与しているのであって、地域社会に接続しているわけではない。

また、アパートに滞在しながら家族・親族関係を積極的に活用し、援助をうけることも現実的ではない。というのは、アパートには滞在契約をした者以外が立ち入ることはできないためである。またその根本には家族・親族への「遠慮」からくる住居の選択がある。たとえばＨＩ氏は姉への「遠慮」からアパートに入居している。同様にＳＮ氏も、娘や祭祀をとりまとめている親族に対しても「遠慮している」という姿勢をとりながら距離を置いているし、彼らがＳＮ氏の居室を訪れることもない。加えて、持病の悪化により家族の世話を受けるためにアパートを離れたＨＩ氏に対し、ＳＮ氏は身体的に健康で経済的余裕があり、独居することに問題が発生していないため、親族関係において適度な距離感を維持することができているようにみえる。裏を返せば、家族・親族関係に援助が求められるような身辺の問題を抱えた時点で、短期賃貸アパートに居住することが困難になるのである。

以上、短期滞在という前提をもつ短期賃貸アパート独居老年者は、地域社会での関係や老年者同士の関係を構築しない一方、単独独居老年者は、本来は家族・親族関係による援助が期待されるような問題への対応を補いうるほどの十分な地域関係を構築していることが明らかになった。独居老年者の社会関係は、居住パターンから派生する生活背景にしたがって構築されているといえるのである。この社会関係を第二章で示した沖縄的な老いにそって見直すと、親族集団を除いてこれらにある程度対応する老いの基盤を維持・構築できている単独独居老年者に比べて、短期賃貸アパート独居老年者はその欠如している部分が大きいことがわかる。このことはＫｎ氏の事例から確認できる。彼女は短期賃貸アパートを退出し、単独独居に移ってからは、アパート内のみならず地域内での社会関係も広げつつあるのは、居住パターンをまたいで住居を移すことで、構築される社会関係に変化が生じたからなのである。

持続する社会関係から確保される老年者の社会的役割

生活上の支援への期待を軸とした検討は以上にとどめ、沖縄的な老いの側からも検討を加えておきたい。とはいえ、今回取り上げた老年者の多くは沖縄的な老いが支える役割との接点をもたない。三男のＳＮ氏は、祭祀儀礼にあたっては親族の家へ赴き、死後も親族の墓に入りたいと考えている。同様に七男で単独独居であるＹＳ氏も、親族内の祭祀にあたっては出身集落にある祖母の家、あるいは両親の位牌を祀る長兄の住居がある大阪まで訪問することになっている。またYS氏は自分の位牌を祀るべき家族との別離をみずから選択したがゆえに、自身の死後の祭祀をあきらめている。

祀るべき位牌をもつ場合も、その形態は従来的な祭祀形態とは異なっている。Mh氏の場合、父方の位牌を引き継ぐべき男兄弟がいなかったために、しかたなく長女である自分が管理しているという事情がある。これは位牌継承の男性原理にしたがわない事例である[18]。また彼女の死後、これらの位牌がどうなるかは決まっていない。さらにHI氏は本来門中の当主として位牌を管理する立場にありながら、出身地域内で生じたもめ事によって位牌の相続義務を放棄しており、これもまた例外的な事例である。先祖、あるいは自分の代からの位牌の継承、およびそのための親族祭祀・家庭内祭祀の担い手としての役割を十分に獲得することが難しい状況にあるといえる。

それでは、独居老年者は社会的役割はもちえないのか、というとそうではない。地域社会内で社会関係を構築している単独独居老年者は、地域共同体内で役割をもつ様子がうかがえるのである。たとえば、Mh氏は現在若狭地域の神事を司るカミンチュをつとめている。ここで重要なのは、彼女はカミゴトの知識を持ち、若狭地域に四〇年ほど居住しているものの、この地域の出身ではないことである。カミゴトの知識に加えて、地域社会内での十分な関係があるからこそ、この役割を任されている。Mh氏の地域社会への参入は、カミンチュという社会的役割をとおして果たされている。さらに、地域内の相互扶助関係を構築しているYS氏は、移住先のアパート周辺で形成した社会関係において、相互扶助のような形で、生活の手助けを必要とする人々を手伝うという役割を得ている。さらにSN氏は、福祉を支援する立場を獲得している。このことからは、社会関係と社会的役割は相互に循環的に強化されていく関係にあると考えることができる。社会関係の拡大が社会的役割をもつ機会につながり、社会的役割の獲得が社会関係を強化・拡大するのである。この過程について、Ｍｈ氏とＨＩ氏の事例から確認しよう。

若狭地域出身ではないＭｈ氏が若狭地域のカミンチュをつとめることは、カミンチュは村落内の特定の出自から輩出されるとする沖縄社会研究の通説から考えると例外的である。実際、Ｍｈ氏は最初この役割を引き受けるのをためらい、代理を立てるなど、地域祭祀の原則にできるだけ逆らわないような対応をとっている。しかし、その後若狭地域の神事と自身の門中とのつながりを見出すことで、出身でない地域のカミンチュをつとめるという選択を正当なものとする理由付けを行っているのである。このふるまいは、自分が属する沖縄社会における祭祀の原則にしたがいつつも、自分が構築した社会関係をとおして、自身を若狭地域の文脈に位置づけ直していると理解することもできるだろう。

Ｍｈ氏の事例は結果としてプラスに向かうポジティブな過程であるが、ネガティブな過程もありうる。ＨＩ氏は、出身集落での親族内トラブルのため、門中の位牌を放棄して本島内に移った。その際、このトラブルや無職になったことを背景としてか、婚出している姉や娘の世話になることに引け目を感じて単身で那覇市に居住する。短期賃貸アパートに居住してからも「世話になりたくない」という一念で再就職を試みるが、病の悪化によりあきらめざるを得ない状況に陥り、日常生活での援助のため娘が関与できる別のアパートに引っ越した。ＨＩ氏の事例は第一に、位牌を管理する社会的役割を放棄し親族関係を縮小させ、就業という男性に求められる社会的役割も失った。姉への遠慮もあって単身那覇市に移り再就職を試みたものの、病によって断念せざるを得なくなり、さらに短期賃貸アパートに居住したために私生活の援助を期待できるような社会関係を維持・形成できなかったことから短期賃貸アパートを退出せざるを得なくなった、という、社会関係と社会的役割とのネガティブな循環のケースとしてみることができるのである。

六　小結

本章の検討からは、独居老年者の社会的役割は彼らが個人的に形成する社会関係のなかで見出され、その役割は社会関係内の相互行為において遂行されること、しかし当然ながら、すべての社会関係が社会的役割の獲得につながるわけではないし、そこで獲得されるのは老年者に期待される社会的役割とも限らないこと、さらに社会関係を形成しない、社会的役割を獲得しないという選択もありえることが明らかになった。またこれらは、独居老年者が生活を送るなかで何らかの問題が立ちふさがったときに顕著にあらわれていた。

彼らがいかに人間関係を形成するか、居場所や社会的役割を獲得するかどうかもまた、必ずしも老年者としての社会的立場を反映するものとは限らない。しかし、その過程には、彼らが老いに直面し、それを自己のなかに受け入れ、あるいは位置づけなおす様子をみることができる。それは正しく、彼らの老いる営みであるといえよう。

[1] 孤立傾向にある老年者の存在はおそらく辻・若狭地域に限らず、日本各地でみられる現象だろう。辻地域では、家賃の安い住居を求めて流れつくように移り住む人々が増えており、そのなかには老年者も多いと地域住民は語る。

[2] 広島県広島市の独居老年者に対して行われた調査では、独居老年者は子に次いで直接の親戚、近所の人に援助を求める傾

向があることが示された［藤原・来嶋・神山・黒川 一九八七］。

［3］この分析結果はあくまで調査側によるものであり、この割合を低いとするかどうかは、判断する立場によって異なるだろう。

［4］祖母は出身地域のカミンチュであり、「人の助けをしなさい」といわれて育った。カミンチュの役割はいとこ（祖母の長女の次女）が継いでいるが、YS氏自身も霊的な能力をもっており、後継者候補であると語る。祖母は地域では最も格が高いカミンチュであり、その跡継ぎを知らせる前触れが右のいとことYS氏にきた。しかしYS氏はその役目を負わなかったので、病気がちであるという。なぜ役目を放棄したのかについては「（カミンチュは）女系だから」と笑いながら語るが、出身地域では祖母から引き継いだ知識を生かして治療行為を行っていたともいう。YS氏はカミンチュへの尊敬、および彼自身がもつという霊能力に対するプライドが高い一方、墓地や死後観念について独特の認識をしており、一般的な沖縄社会研究で示される沖縄の世界観とは異なる解釈をもっている。

［5］Mh氏は一九四四年の十・十空襲までの約半年間、空港整備や壕の設営などに徴用された。しばらくして避難命令が出され、本島南部を経て北部の集落へと家族六人で疎開した経験ももつ。

［6］たとえば、現在居住する住宅は拝所に縁のある場所であったが、それをおさめる儀礼をおこなっていなかったため、身辺によくないことが起こった。しかし、当時子どもが幼かったため、Mh夫婦は住居を移ることができなかった。このことについて当時の貸主に相談したところ、「借りているのに文句を言うなんて」と怒られたため、カミゴトの知識をもつ夫の従姉妹がヒヌカンを通してこれをおさめたという。

［7］ボート屋の近くに居住していた老夫婦と同居していた本島北部出身の女性に「今（カミに仕える修行のため）たちなさい」といわれ、一年間彼女にカミゴトを習ったという。「自分の村を拝むことからはじめなさい」といわれたが、当時Mh氏の出身である地域は軍港として立ち入り禁止であったため、その時住んでいた若狭のカミを拝むことからはじめその後、三五年間沖縄全島の拝所を回ったとMh氏は語った。

［8］Mh氏の夫は男子八人、女子五人のうち五男であるが、すぐ上の兄は幼くして死亡したため、実際には六男である。その一族の位牌をMh氏が管理するに至った経緯は不明である。

[9] 一般的にユタが担う抜霊儀礼。この儀礼は主として異常死、あるいは集落外で死亡した死者の供養の一環として行う。たとえば死亡場所が不明の死者、客死、海難事故による死亡などである。病院での死亡についても同様に行われる［渋谷 二〇〇八］。Ｍｈ氏は近所の飲食店を経営する女性の夫の水死について、ヌジファ儀礼を行った。

[10] この傾向が顕著に表れたのが、ワンルームやカプセルルーム個室内で起きた死亡事故発見の遅れである。滞在者の孤立の傾向は著しく、事故や急病にあたっても他部屋の滞在者がそれに気づくことは難しい。二、三日見かけることがなく、さらに長時間個室内にいることがわかる場合は、他滞在者が従業員に申し出て、従業員が個室まで訪れて声をかけるなどの安全確認も行われる。

[11] 二〇一二年の調査では、老年者の居住は制限以前よりワンルームに居住していたＳＮ氏のみとなっていた。これ以前に、五〇代ぐらいの民生委員と思われる女性が、七〇代ぐらいの老年者を入居させてもらうよう申し込みに来たらしいが、経営者が断ったという。この老年者は家族の引き取り手がないというよりむしろ、「家族が手放したらしい」と従業員は語った。このことと関連してか、経営者は沖縄県外の知人と共同で高齢者向け施設を作ろうと考えているようである。

[12] カプセルルームを増強する方針をうち出す以前は、経営者が長期間入居しているカプセルルーム入居者にワンルームへの移動を打診することがしばしばあった。この際に経営者はＫｎ氏の意向を聞いたのだと思われる。

[13] 単に老年であるがゆえに滞在者から受ける忌避もここにあたる。たとえば、ＳＮ氏は「若い者は年寄りと話したがらない」と常々語っている。彼は他の滞在者、とりわけ若者層は、老年者を疎ましがる傾向が強いと考えているようである。

[14] 月々の契約更新時の手続きや普段からの経営者側からの滞在者への声かけによって、ある程度の健康状態への配慮はなされているようである。しかしながら、先に述べたようにＨＩ氏、Ｋｎ氏、ＳＮ氏以外の老年者にいたっては、ほとんど室外に出ることのないひきこもり状態である。

[15] この報告について関沢は「都市の老人は村の老人と比べて、様々な職業で多様な人生を歩み、同年代の共同経験が少ない傾向がある。そのため、老人憩の家や老人会の集まりでは、彼らの要求のそれぞれが満たされるのは難しい。そこで、気心の知れない人々とあえて行政がサービスする同好会に入り活動をするよりも、寺で気ままに一人一日を過ごすほうがいいのである」［関沢 二〇〇二：一一九―一二〇］と述べている。

［16］二〇〇九年度時点での辻デイサービス利用者のうち、三分の二が宮古出身者であった。彼らは共通して辻地域に長年居住してきた経験をもっている。

［17］たとえばＹＳ氏は入退院の手助けを、Ｍｈ氏はカミゴトにあたっての歩行の補助を受けている。このことは維持継続していく社会関係を構築できていることを示している。

［18］先にも簡単に触れたが、女性が位牌継承せざるを得ない状況、あるいは継承を拒否するケースの増加は、沖縄では「トートーメ問題」として社会問題のひとつとなっている。

第七章　結論——老いるという行為

第五章と第六章では、現代沖縄都市部に暮らす老年者の老いへの民族誌的記述と検討を重ねた。老いという現象の総体的な理解を目指すには決して十分ではないが、調査地域における個人と老いとの接点にある営為については一定の示唆をえたのではないかと考える。本章では、本書の目的に対する暫定的な結論を示していく。

一　本論の再確認

第一章で確認したとおり、人文学分野においては老いは人が高齢になるにつれてその人たちに影響を及ぼす、生物学的、心理学的、社会的過程の統合として理解され、とくに人類学では特定の暦年齢と文化的に結びついた規範や価値、役割から加齢という現象を論じてきた。この理解にしたがって第二章では、沖縄的な老いの特徴を確認した。沖縄社会には儒学思想から発展した敬老思想が琉球王府期から政策的に浸透し、また長寿にまつわる儀礼をとおして、老年者は畏敬の対象として認識されてきた。とくに親族集団内や共同体内での祭祀の諸場面においては、老年者が宗教的価値観からこれらを主導する役割を担い、労働面での不足に対してはそれを補う相互扶助的システムも形成されていた。これらによって、老年者は社会のなかに組み込まれていたのである。その一方で、日本本土復帰を契機として沖縄の日本社会への組み込みが進むと、産業化と急速な社会高齢化の進行の中で新たな老いの形態が登場した。そのひとつが、人口高齢化という「社会問題」への対策として導入された福祉制度にもとづく、福祉の対象としての高齢者という認識である。老人福祉法にはじまる暦年齢を基準とした福祉制度は、六五歳以上を「高齢者」とし、そのカテゴリーと「福祉に参加する・福祉を利用する」という社会的立場とを明確に関連付ける画一的で新しい老いのシステムであり、家族内や地域へとそうした老いの認識を浸透させていく。

以上をふまえたうえで、第三章、第四章では調査地である沖縄県那覇市辻地域の歴史的特性と「沖縄的な老い」にまつわる現状を説明した。辻地域は沖縄研究が主な対象としてきた村落社会にはみられない歴史的経緯――沖縄社会的な父系親族集団をもたない遊郭を前身とし、駐留米軍向けの歓楽街として再形成されたという経験――を有している。しかしながらベトナム戦争の終結を大きなきっかけとする政治情勢の変化の中で商業が衰退すると、就労先を求めた子世代の流出によって現在の辻地域には多くの老年者が残されるという状況が生じた。老朽化した市街地には賃料の安い住居があちこちにみられ、老年者を含む様々な事情を抱えた者がそこに移り住んでくるという現象も生じており、現在の辻地域においては沖縄的な老いは概念的なものにすぎないことが想定された。

第五、六章では、現在の辻地域における老いはどのように営まれているのかを、老年者個人の日々の実践の中から探ることにした。第五章では、辻地域に設置されている参加型サービスへのかかわりに現れる、老年者の個人的な実践に注目した。参加型サービスは、新しい老いのシステムをとおして、老年者を社会へ再包摂するという高齢者福祉制度の文脈の中にある場である。しかしながら調査結果に表れたのは、参加型サービスを、福祉制度の文脈でなく、同郷や長い共通の生活経験という福祉導入以前から続く社会関係を維持する場として利用している老年者の姿だった。彼らは自分の生活の文脈のなかで、サービスへの参加の仕方や理由づけを行っていた。このように、辻地域の老年者は新しい老いが位置づける「高齢者」としてサービスに参加しているとは限らないことが明確になった。

続いて第六章では、参加型サービスに関与しない、すなわち新しい老いのシステムに接していない独居老年者の生活実態を確認した。彼らは老後になって単身で辻地域に移住してきたために、現住地で親族関係や地域社会内での関係を持たない人々である。彼らの中には、諸制限のある居住状況を選択したことによって、現住居周辺での社会関係の形成自体が制限される場合もあった。しかし彼らの独居生活は決して孤立しているわけではなく、生活上の諸課題に対応するなかで様々な社会関係を形成し、その関係をささやかに活用して自立した個人として生活を営んでいた。彼らの姿は必ずしも社会的老いから説明されるものではないが、そこには確かに彼らの老いが含まれていたのである。

以上から、現在の辻地域における老いのありようは、単に老年という人生段階や高齢者というカテゴリーへの移行というよりは、社会や制度状況のなかで老年者が積極的につくりあげるものであり、そこで行われる行為の詳細な検討から理解すべきものであることが示された。

二　老いるという行為

現在辻地域に暮らす老年者の日常には、沖縄的な老いのありようも依然としてみられるものの、個人的なふるまいが多く現れている。たとえば、辻地域の老年者の大半が共有する、宮古という同郷の出身であり、長く現住地に居住してきたという経験は、現在の彼らの生活の諸場面における対応や彼ら同士のやりとりに反映されている。殊に社会変化の激しい辻地域の生活には、沖縄社会研究で示される諸社会組織よりも老年者個々人の移住、就業、経済状況といった経験が顕著に影響している。

たとえば四、五章で取り上げたＳｔ氏は、家庭内の年長女性として家庭内祭祀を取り仕切り、親族祭祀にあたっては旧盆は若狭地域の自宅で行うものの、旧一月一六日には宮古の出身地に戻り祭祀を執り行っている。しかし現在、辻地域の地域祭祀であるハチカショウガツに関与することはなく、また地域の福祉の現場では、その対象である「高齢者」であるにもかかわらず、長年つとめあげてきた民生委員という立場でもって参加型サービスを支える立場で関与しているのである。

Ｓｔ氏の老いにまつわる多様な対応をみるに、老いのありようを単純に老年への段階への移行ととらえることははたして妥当だろうか。Ｓｔ氏に限ったことではなく、参加型サービスを利用している老年者たちは、みなそれぞれの思惑でもって福祉の現場に現れていた。それは必ずしもサービスの目的や近代福祉の理念に沿うものではない。参加型サービスが示すのは近代福祉の理念にもとづく老いである一方、そこでの老年者の実践の背景にあるのは日々の生活のなかで望まれる個人的な希望や、直面する戸惑いなのであり、それは「老い」に回収されるものとは限らない。このように、第五・六章の記述には社会的・歴史的背景によって規定される「老い」や社会福祉の文脈、福祉言説において求められる高齢者としてのふるまいだけでなく、個別の「老い」の存在が示唆されている。

続いて、個人的な老いへの具体的な対応についてもみてみよう。第五章で取り上げたＹＳ氏は、身体的な衰えのために趣味の釣りや自家用車の運転を諦めざるをえなくなった。しかしＹＳ氏は、自分自身の衰えにとまどいつつも、今の自分にもできること、つまり彼よりも「弱い」立場にある人々を助けることで、新たな活動の形を見出すことに成功している。彼は自身の「老い」を前向きに受け入れているようにみえるが、その対応は必ずしも老いに結びつけられるものではないことに注目したい。またＭｈ氏の老いは、彼女がつとめる地域祭祀の司祭者としての立場やデイケアの利用者であるところに見出せるだろう。前者については、彼女が自身の老いを直接看取するきっかけというよりは、担い手不足による就任という地域祭祀自体の状況の変化による結果とみた方が適切だが、その役割を遂行するなかで地域と自身とのつながりを探っていくそのふるまいは、これまでの経験をとおして地域のなかにカミンチュとしての立場を獲得していく営みとしてみることができないだろうか。

このように、現在の辻地域では、老年者は老いにまつわる課題にそれぞれ直面し、またそれぞれに対応することをとおして老いの過程をたどっていることがわかる。本書では、この老いにまつわる老年者の一連のふるまいを「老いる行為」と呼ぶことにする。

老いる行為には、一見ネガティブに見える対応がなされる場合もある。この例として、同じく六章で取り上げたＨＩ氏の事例を確認する（図⑦）。

ＨＩ氏は、出身集落での親族内トラブルをきっかけとして家業をとりやめ、門中の当主という親族集団におけ

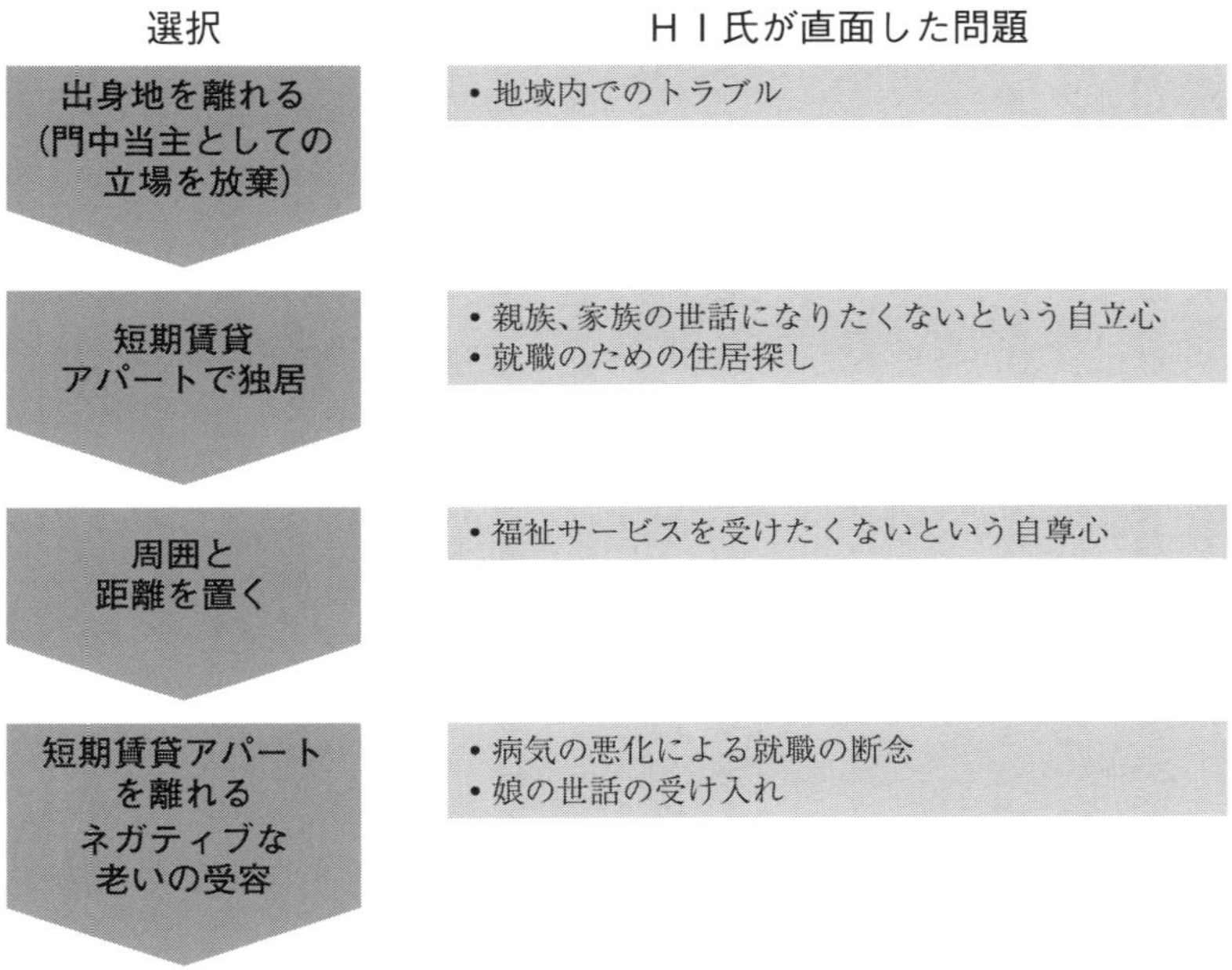

図⑦　ＨＩ氏の老いる行為

る男性年長者の社会的役割を放棄することを選択し、出身地域を離れる。それから短期賃貸アパートを退出するまで、ＨＩ氏は親族と積極的にかかわろうとしなかった。当時本島に居住していた姉や既に婚出している娘に「世話になりたくない」という自立心があったからである。結果としてＨＩ氏は、再就職を見越して住民票が獲得できる短期賃貸アパートに居住することを選択する。

短期賃貸アパートでは、実際に福祉サービスを利用せず再就職を試みている。これはＨＩ氏が老年者の福祉制度における社会的役割を放棄し、また生産就労を終えた老年者、という立場を受け入れようとしないがゆえの選択であった。

しかしＨＩ氏は、身体的老化にともなう病の悪化のために、就職をあきらめざるを得なくなる。結果として、私生活の援助を期待できるような社会関係（とくに娘との関係）を確保するために、短期賃貸アパートを退出することとなった。ＨＩ氏の事例には、このようなネガティブな老いへの対応が見いだされるのである。

もうひとつ、第六章の事例には不安定かつ多面的な状況のなかで生きる老年者の姿も現れている。たとえば、ＹＳ氏は老後に家族から離れ若狭地域に単身で移り住みつつも、現在の住居を中心とした社会関係を形成し、そのなかで老いる行為を重ねているが、この社会関係も、身体状況の悪化によって切断を余儀なくされるような不安定な状況の上に成り立っている。またＫｎ氏も、収入の問題から入居した短期賃貸アパートでの暮らしのなかで、他者との関係を模索していた。

生活様式の変化と流動化のさなかにある沖縄県都市部においては、老年者は日々の生活の中で老いに直面し、個人的に対応を迫られている。そうした個人的な営みのなかに現れる「老い」の課題は多様であり、また積極的に対応されるとも限らない。しかし、ここで生じる対応は、それがネガティブなものであったとしても老いへの主体的な関与であり、老年者はこれによって老いを自分のものとしていくのである。

三　新しい老いの理解に向けて

これまでの人文学分野において老いは、生物学的なものとしてだけでなく、社会的・歴史的背景や文化的価値観のなかに見出されてきた。対して本書では、老いという現象とそれへの社会的意味づけ、そして老年者個々人の対応の相互のなかに、現代沖縄都市部の老いのありようをみようとした。本書の視点は老年者という社会的立場が老年者に期待される社会的役割を担うことによって獲得されると理解される部分は共通しているが、老いにまつわる能動性――老年者が主体的な行為を積み重ねて老いを獲得していく過程に焦点をあてたことに特徴がある。

ただし、この「主体的な行為」は一般的に積極的・肯定的にとらえられるようなものとは限らないことを強調したい。現在、個人にとって老いは解決しなければならない問題ではなく、どう向き合うかを問われる課題となっている。したがってそれへの対応も、一般的に肯定的なものだけでなく、時には否定的な意味合いをもつものもありえる。このことを認めることは、語りを相対化し、老いる行為をより幅広く拾いあげることにつながる。本書がこのような姿勢に立つのは、福祉言説や研究視点が含みうる、老いを取り巻く権力性に対して敏感でありたいと考えるためであり、この意識はとりもなおさず現地調査や私の日常生活で出会った老年者との交流のなかで徐々に形成されていった。

本書は沖縄都市部の一地域における老年者の事例研究であるが、老年者研究において、老いを行為としてとらえる新しい老いの理解の提示でもあった。全世界的な社会高齢化の只中にある現在、老いに関する社会問題や学術的関心は増加・強調される傾向にある。老いを考えるにあたって、老いる行為という視点が今後の人類学的老年者研究の新たな可能性となれば幸いである。

インフォーマント一覧

名前	性別	年齢	出　身	居住形態	備　考
St	女性	60代	宮古	4人（夫、子）	SG氏の妻、民生委員
Ky	女性	70代	本島北部	2人（子）	デイサービス参加者
My	女性	60代	宮古	3人（夫、子）	民生委員、民踊レク参加者
Ah	女性	70代	宮古	子世帯同居	郷友会所属、民踊レク参加者
Ot	女性	80代	宮古	独居？	民踊レク、デイサービス参加者
Hr	女性	80代	宮古	独居？	民踊レク、デイサービス参加者
Ih	女性	70代	石垣	子世帯同居？	郷友会所属、民踊レク参加者
UM	男性	40代	本島中部	独居	郷友会所属（移住第2世代）
SY	男性	40代	宮古	親と同居	郷友会所属（移住第2世代）
Sb	女性	80代	那覇	独居	若狭婦人部会長、 自分史同好会参加者
SG	男性	70代	宮古	4人（夫、子）	St氏の夫
HF	男性	80代	八重山	子世帯同居	老人会長
NS	男性	60代	？	2人（母）	NPOに所属、デイサービス参加者
Ct	女性	70代	本島北部	独居	デイサービス参加者
Dc	女性	70代	本島中部	独居	デイサービス参加者
Es	女性	70代	那覇	独居	デイサービス参加者
Ng	女性	60代	那覇	子世帯同居	民踊レク参加者
Ks	女性	80代	宮古	独居	民踊レク参加者
Is	女性	70代	本島南部	独居	自分史同好会参加者
HI	男性	60代	本島中部（離島）	独居	短期賃貸アパート居住
Kn	女性	60代	本島北部	独居	短期賃貸アパート居住
SN	男性	70代	パラオ	独居	短期賃貸アパート居住
YS	男性	70代	本島北部	独居	
Mh	女性	80代	那覇	独居	若狭カミンチュ

参考文献

青柳まちこ　二〇〇四「序章　老いの人類学」『老いの人類学』青柳まちこ編、世界思想社、一―二二頁
青い海出版社編　一九七九『青い海』第九巻第一〇号（八八）
安里進・高良倉吉・田名真之・豊見山和行・西里喜行・真栄平房昭　二〇〇四『沖縄県の歴史』山川出版社
足立清史・小川全夫編　二〇〇一『ニューエイジング――日米の挑戦と課題』九州大学出版会
アッカンバウム、A・MMPG総研・伊原和人　二〇〇〇『アメリカ社会保障の光と陰――マネジドケアから介護まで』住居広士編訳、大学教育出版
天田城介　二〇〇三『〈老い衰えゆくこと〉の社会学』多賀出版
新崎盛暉　二〇〇五『沖縄現代史　新版』岩波書店
アリエス、P　一九九二（一九七二）『「教育」の誕生』中内敏夫・藤田伸子訳、藤原書店
石川浩之　二〇〇八「ビンシー」『沖縄民俗辞典』渡邊欣雄・岡野宣勝・佐藤壮広・塩月亮子・宮下克也編、吉川弘文館、四四三頁
石原昌家　一九八〇「疑似共同体としての郷友会組織」『沖縄国際大学文学部紀要』八（一）：七四―五三頁
石原昌家　一九八六『郷友会社会――都市の中のムラ』ひるぎ社
石嶺育子　一九八九「老人のモラールに関連する要因についての研究――対人関係を中心に」琉球大学医学部保健学科学位論文（修士）
磯辺俊彦　一九九二「家族制農業の存在構造――現代の危機を軸として国際比較の視座を考える」『村落社会研究』第二八集、村落社会学会編、御茶の水書房
猪瀬浩平　二〇〇五「空白を埋める――普通学級就学運動における『障害』をめぐる生き方の生成」『文化人類学』七〇（三）：三〇九―三二六頁

岩佐光弘　二〇一一「老親扶養からみたラオス低地農村部における親子関係の一考察」『文化人類学』七五（四）：六〇二―六一二頁
伊波普猷　二〇〇〇『沖縄女性史』平凡社
上地一郎　二〇〇八「沖縄社会の近代法制度への包摂とその影響」早稲田大学学位論文（博士）
上野千鶴子　二〇一六「障害と高齢の狭間から」『現代思想』四四（一九）：二一―二九頁
上原栄子　一九八九『辻の華　戦後編　下』時事通信社
浦添市教育委員会編　一九八三『浦添市史　第4巻　資料編3　浦添市の民俗』浦添市役所
江口隆裕　一九九一「平成二年老人福祉法等改正の立法過程」『北大法学論集』四二（一）：二五三―三三三頁
遠藤知己　二〇〇〇「言説分析とその困難――全体性／全域性の現在的位相をめぐって」『理論と方法』一五（一）：四九―六〇頁
遠藤宣雄　二〇〇〇「カンボジアの村落における文化遺産教育――アンコール地域の文化発展と老人の役割」『上智アジア学』一八：二六三―二七二頁
大木康子・尾崎百合香　一九八五「郷友会」『東京女子大学社会学会紀要　経済と社会』一三：六九―七九頁
太田良博・佐久田繁編　一九八四『沖縄の遊郭新聞資料集成』月刊沖縄
大橋英寿　一九九八『沖縄シャーマニズムの社会心理学的研究』弘文堂
大本憲夫　一九八三「沖縄の民俗」『日本民俗学概論』福田アジオ・宮田登編、吉川弘文館、二四四―二五二頁
大湾明美・佐久川政吉・大川嶺子・下地幸子・富本傳・根原憲永　二〇〇三「離島における施設入所高齢者の生きがいづくりに関する研究――『ふるさと訪問事業化への取り組みのプロセスと事業評価・課題』『沖縄県立看護大学紀要』四：三七―四七頁
岡正雄・石田英一郎・江上波夫・八幡一郎　一九五八『日本民族の起源』平凡社
岡田光弘　二〇〇一「構築主義とエスノメソドロジーのロジック」『社会構築主義のスペクトラム』中河伸俊・北澤毅・土井隆義編、ナカニシヤ出版、二六―四二頁
岡田浩樹　二〇〇一「『老人の民俗学』再考」『国立歴史民俗博物館研究報告』九一：四五一―四六七頁
岡村清子・長谷川倫子編　一九九七『エイジングの社会学』日本評論社

沖縄オバァ研究会　二〇〇〇『沖縄オバァ列伝』双葉社
沖縄県　二〇〇六『沖縄県高齢者保健福祉計画』沖縄県
沖縄県教育委員会　二〇〇五『沖縄県史　資料編21』沖縄県教育委員会
沖縄市　二〇〇八『生活と健康状況に関するアンケート調査結果』沖縄市
沖縄タイムス「長寿」取材班編　二〇〇四『沖縄が長寿でなくなる日――〈食〉、〈健康〉、〈生き方〉を見つめなおす』岩波書店
沖縄風土記刊行会編　一九六九『沖縄風土記全集那覇の今昔』沖縄図書教材株式会社
沖縄宮古郷友連合会　二〇〇九『沖縄宮古郷友連合会例会資料』沖縄宮古郷友連合会
小田亮　一九九六「ポストモダン人類学の代価――ブリコルールの戦術と生活の場の人類学」『国立民族学博物館研究報告』二一（四）：八〇七―八七五頁
恩田守雄　二〇〇六『互助社会論――ユイ、モヤイ、テツダイの民俗社会学』世界思想社
開所10周年記念行事実行委員会　二〇〇一『那覇市「辻老人憩の家」元気にいきいき1991年～2001年』開所10周年記念行事実行委員会
我喜屋良一　一九七一『沖縄の社会福祉二十五年――沖社協創立二十周年記念誌』沖縄県社会福祉協議会
我喜屋良一　一九九六『沖縄における社会福祉の形成と展開』沖縄県社会福祉協議会
片多順　一九九六「沖縄における長寿儀礼の研究」『福岡大学総合研究所報』一八二：二七―四三頁
片多順　二〇〇四「『老いの人類学』研究史」『老いの人類学』青柳まちこ編、世界思想社、二二三―二四一頁
加藤正洋　二〇一一『那覇　戦後の都市復興と歓楽街』フォレスト
金子勇　一九九三『都市高齢社会と地域福祉』ミネルヴァ書房
金子勇　一九九八『高齢社会とあなた』日本放送出版協会
嘉陽安男　一九八三「10・10空襲」『沖縄大百科事典（中）』沖縄大百科事典刊行事務局編、沖縄タイムス社、三七二頁
蒲生正男　一九五七「喜界島における『ハロウジ』の一考察」『人類科学』Ⅸ：一五三―一六七頁
蒲生正男　一九六〇『日本人の生活構造序説』誠信書房

柄谷行人　一九八八『日本近代文学の起源』講談社
河畠修　二〇〇一『高齢者の現代史――21世紀・新しい姿へ』明石書店
ギデンズ、A　二〇〇四（二〇〇一）『社会学（第四版）』松尾精文・西岡八郎・藤井達也・小幡正敏・叶堂隆三・立松隆介・内田健訳、而立書房
ギデンズ、A　二〇〇九（二〇〇六）『社会学（第五版）』松尾精文・西岡八郎・藤井達也・小幡正敏・叶堂隆三・立松隆介・内田健訳、而立書房
木下康仁　一九九三『老人ケアの人間学』医学書院
木村オリエ　二〇〇六「初期リタイアメントコミュニティにおけるボランティア活動の展開――アリゾナ州サンシティの事例」『お茶の水地理』四六：四七―六〇頁
金城清子　一九八三「売春」『沖縄大百科事典（下）』沖縄大百科事典刊行事務局編、沖縄タイムス社、一九〇―一九一頁
九学会連合沖縄調査委員会編　一九七六『沖縄――自然・文化・社会』弘文堂
倉沢進編　一九九三『大都市高齢者と盛り場』日本評論社
クローセン、ジョーン・A　一九八七『ライフコースの社会学』佐藤慶幸ほか訳、早稲田大学出版部
黒岩亮子　二〇〇一「生きがい政策の展開過程」『生きがいの社会学――高齢社会における幸福とは何か』高橋勇悦・和田修一編、弘文堂、二一五―二四一頁
黒田由彦　二〇〇〇「沖縄の地域住民組織――那覇市の自治会組織を中心に」『情報文化研究』一一：九七―一二〇頁
厚生省　一九九九『平成11年度版　厚生白書』厚生省
小林幸司・後藤春彦　二〇〇〇「在沖久松郷友会にみる同郷者集団の特性と同郷者の生活像」『日本建築学会計画系論文集』五二八：一四七―一五四頁
小林多寿子　一九九七『物語られる「人生」』学陽書房
サイード、エドワード・W　一九八六（一九七八）『オリエンタリズム（上）』今沢紀子訳、平凡社
在沖宮古郷友連合会編　一九八〇『在沖宮古郷友連合会発足50年記念誌　みやこ』発足50年記念誌編集委員会

酒井卯作　一九六七『琉球列島における死霊祭祀の構造』第一書房
崎原盛造　一九八六「都市と農村の老人」『新沖縄文学』沖縄タイムス社、六七―七〇頁
佐々木伸一　二〇〇八「はんじ」『沖縄民俗辞典』渡邊欣雄・岡野宣勝・佐藤壮広・塩月亮子・宮下克也編、吉川弘文館、四三二―四三三頁
佐々木寿美　二〇〇五『現代日本の政策形成と住民意識――高齢者福祉の展開過程』慶應義塾大学出版会
佐藤健二　二〇〇二「郷土」『新しい民俗学へ』小松和彦・関一敏編、せりか書房、三一一―三二一頁
塩月亮子　二〇〇〇「沖縄における尾類馬行列の歴史社会学的考察――〈都市祝祭とセクシュアリティ〉研究に向けて」『祝祭の一〇〇年』日本生活学会編、
渋谷研　二〇〇八「ヌジファ」『沖縄民俗辞典』渡邊欣雄・岡野宣勝・佐藤壮広・塩月亮子・宮下克也編、吉川弘文館、四〇二―四〇三頁
島袋源一郎　一九六五『琉球百話』沖縄書籍
島袋全発　一九六六『那覇変遷記』琉球史料研究会
新崎盛暉　二〇〇五『沖縄現代史』岩波書店
菅沼文乃　二〇〇五「『新しい高齢者イメージ』の発生――社会における『老い』とは何か」『南山考人』（三三）：一〇七―一一六頁
菅沼文乃　二〇〇八「生きがいの人類学――生きがい推進事業に於ける高齢者の実践から」『南山考人』（三六）：五―一四頁
菅沼文乃　二〇一二「宮古移住民の『故郷』と精神的帰属の変化――移住第一世代の定住化の側面から」『南山考人』（四〇）：三―一六頁
須田木綿子　一九八六「大都市地域における男子ひとりぐらし老人のSocialNetworkに関する研究」『社会老年学』二四：三六―五一頁
住谷一彦　一九六四「南西諸島のGeheimkult――新城島のアカマタ・クロマタ覚え書」『石田栄一郎還暦記念論文集』角川書店
関沢まゆみ　二〇〇〇『宮座と老人の民俗』吉川弘文館

関沢まゆみ　二〇〇二『隠居と定年――老いの民俗学的考察』臨川書店
千田有紀　二〇〇一「構築主義の系譜学」『構築主義とは何か』上野千鶴子編、勁草書房、一―四二頁
総務庁長官官房老人対策室編　一九八四『高齢者問題の現状と施策』大蔵省印刷局
平良勝保　二〇一一『近代日本最初の「植民地」沖縄と旧慣調査』藤原書店
高里鈴代　二〇〇一「特飲街の形成」『なは・おんなのあしあと』那覇市総務部女性室編、琉球新報社事業局出版部、二六八―二七四頁
高橋絵里香　二〇〇二「ナーシングホーム民族誌の展開」『民族学研究』六七（三）：三二八―三三九頁
高橋絵里香　二〇一三『老いを歩む人びと――高齢者の日常からみた福祉国家フィンランドの民族誌』勁草書房
高橋統一　一九七七「年齢集団」『日本人の社会』伊東俊太郎ほか編、研究社、四一―六五頁
高橋統一　一九七八『宮座の構造と変化』未来社
高橋統一　一九八七「年齢階梯制」『文化人類学事典』石川榮吉ほか編、弘文堂、五七二―五七三頁
竹並正宏（Takenami Masahiro）二〇一二「アメリカの高齢者と地域との関係（アリゾナ州サンシティの現状）」『九州栄養福祉大学研究紀要』九：一四一―一五四頁
田上貞一郎　一九九八『「新聞投稿」達人教本』廣済堂
田里友哲　一九七七「屋取」『沖縄県史別巻沖縄近代史辞典』沖縄県教育委員会編、沖縄県教育委員会、五三六頁
多田治　二〇〇八『沖縄イメージを旅する――柳田國男から移住ブームまで』中央公論新社
田中愛智朗　一九九六「高齢社会にふさわしい社会システムの構築をめざして」『時の法令』一五一八：二九―四〇頁
田中幸太郎・辻彼南雄　一九九七『老年学入門――これからの高齢者ケアのために』日本評論社
田原裕子　二〇〇七「合衆国におけるリタイアメントコミュニティ産業の展開――デル・ウェッブのサンシティ・アリゾナを中心に」『国学院経済学』五五（二）：二〇九―二三〇頁
辻正二　二〇〇〇『高齢者ラベリングの社会学――老人差別の調査研究』恒星社厚生閣
東京都立大学南西諸島研究委員会編　一九六五『沖縄の社会と宗教』平凡社

戸田修　一九九五「那覇における郷友会の機能」『沖縄の都市と農村』山本英治・高橋明善・蓮見音彦編、東京大学出版会、二二一―二四〇頁
當山富士子・戸田圓二郎・田場真由美　二〇〇三「へき地山村に居住する独居高齢者の〝生活の術〟」『沖縄県立看護大学紀要』四：九―八五頁
鳥越晧之　一九九四『地域自治会の研究――部落会・町内会・自治会の展開過程』ミネルヴァ書房
内閣府編　二〇〇二「一人暮らし高齢者に関する意識調査」
内閣府編　二〇〇三『平成15年度版　高齢社会白書』内閣府
内閣府編　二〇〇四『平成16年度版　高齢社会白書』内閣府
内閣府編　二〇一〇「第7回高齢者の生活と意識に対する国際比較調査」
内閣府編　二〇一一『平成23年度版高齢社会白書』内閣府
内閣府編　二〇一五『平成27年度版　高齢社会白書』内閣府
中河伸俊　一九九九『社会問題の社会学』世界思想社
永田久雄・原慶子・萩原悦雄・井上勝也　一九八一「老人の孤独に関する心理学的研究」『老年社会科学』三：一一一―一二四頁
中根千枝　一九六二「南西諸島の社会組織序論」『民族学研究』二七（一）：一―六頁
中根千枝　一九七三「沖縄・本土・中国・朝鮮の同族・門中の比較」『沖縄の民族学的研究――民俗社会と世界像』日本民族学会編、二七三―三〇二頁
今帰仁村史編纂委員会編　一九七五『今帰仁村史』今帰仁村役場
那覇市企画部市史編集室　一九七九『那覇市史　資料編第2巻中の7』那覇市企画部市史編集室
那覇市企画部市史編集室　一九八五『那覇市史　通史篇第1巻』那覇市企画部市史編集室
那覇市史編纂委員会編　一九六八『那覇市史　資料編第1巻分冊　考古・中世資料』那覇市企画部市史編集室
那覇市市民文化部博物館　二〇一二『辻の歴史と文化――料理・芸能・エトセトラ』那覇市市民文化部博物館
那覇市総務部女性室那覇女性史編集委員会編　一九九八『なは・女のあしあと』ドメス出版

那覇市企画調整課統計グループ　二〇一六『統計那覇』那覇市役所
二〇二〇年社編　一九九五『「あす」を「たのしむ」生涯学習情報誌　週刊シルバーエイジ』二〇二〇年社
日本弁護士連合会編　一九七四『売春と前借金』高千穂書房
日本民族学会編　一九七三『沖縄の民族学的研究――民俗社会と世界像』日本民族学会
パーソンズ、T　一九七四（一九五一）『社会体系論』佐藤勉訳、青木書店
浜口晴彦編　一九九七『シリーズ高齢者とエイジング1　エイジングとは何か――高齢社会の生き方』早稲田大学出版部
バーガー、P・L＆ルックマン、T　二〇〇三（一九六六）『現実の社会的構成』山口節郎訳、新曜社
バルモア、A・前田大作　一九八八『お年寄り――比較文化から見た日本の老人』片多順訳、九州大学出版会
比嘉春潮　一九五九「沖縄の民俗――親族集団」『日本民俗学大系12』大間知篤三ほか編、平凡社、八四―八九頁
比嘉政夫　一九八三『沖縄の門中と村落祭祀』三一書房
比嘉政夫　一九八六「琉球民俗社会の構造と変容」『日本民俗社会の形成と発展――イエ・ムラ・ウジの源流を探る』竹村卓二編、
七七―八八頁、山川出版社
比嘉政夫　一九八七『女性優位と男系原理』凱風社
比嘉政夫　二〇一〇『沖縄の親族・信仰・祭祀――社会人類学の視座から』榕樹書林
比嘉幹郎　一九六五『沖縄――政治と政党』中央公論社
平井芽阿里　二〇一二『宮古の神々と聖なる森』新典社
福田アジオ　一九八二「沖縄本島における近隣組織」『日本村落の民俗学的構造』弘文堂
福田アジオ　一九八四『日本民俗学方法序説』弘文堂
福田アジオ　一九九二『柳田国男の民俗学』吉川弘文館
副田義也編　一九八一『講座　老年社会学Ⅰ』垣内出版
藤崎宏子　一九九九「特集論文　ジェンダー・ジェネレーション　問題提起」『岐阜を考える　99年記念号』岐阜県産業経済研究セ
ンター

藤原武弘・来嶋和美・神山貴弥・黒川正流　一九八七「独居老人の孤独感と社会的ネットワークにおいての調査的研究」『情報行動科学研究』（一一）：四三―五二頁
プラマー、K　一九九八（一九九五）『セクシュアル・ストーリーの時代――語りのポリティクス』桜井厚・小林多寿子・好井裕明訳、新曜社
古塚達朗　二〇〇八「ジュリうま」『沖縄民俗辞典』渡邊欣雄・岡野宣勝・佐藤壮広・塩月亮子・宮下克也編、吉川弘文館、二六五頁
古家信平・小熊誠・萩原左人　二〇〇九『日本の民俗12　南島の暮らし』吉川弘文館
古家信平　二〇〇九「年祝いにみる擬死と再生」『日本の民俗12　南島の暮らし』古家信平・小熊誠・萩原左人、吉川弘文館、三六―九三頁
マーカス、ジョージ・E＆フィッシャー、マイケル・M・J　一九八九（一九八六）『文化批判としての人類学』長淵康之訳、紀伊国屋書店
前川智子　二〇〇八「郷友会における結集の民俗的仕掛け――神戸沖州会における沖永良部島出身者の民俗芸能の実践を中心に」『日本民俗学』二五五：一―一三二頁
前泊博盛　二〇〇八「Aサイン」『沖縄民俗辞典』渡邊欣雄・岡野宣勝・佐藤壮広・塩月亮子・宮下克也編、吉川弘文館、七四―七五頁
前原直子　二〇〇二「村落共同体における個人のアイデンティティ――石垣島川平におけるツカサAさんの『日常的実践』をとおして」『沖縄民俗研究』二一：五五―七一頁
真玉山戸　一九七六「『辻』の歴史」『政経』一〇三：四一頁
溝部明男　二〇一一「社会システム論と社会学理論の展開――T・パーソンズ社会学と残された3つの理論的課題」『金沢大学人間科学系紀要』三：一四―四〇頁
宮里悦編　一九八六『沖縄・女たちの戦後焦土からの出発』ひるぎ社
宮田登　一九九三『「心なおし」はなぜ流行る――不安と幻想の民俗誌』小学館

宮良高弘　一九六二「八重山群島におけるいわゆる秘密結社について」『民族学研究』二七（一）：一三―一八頁
村武清一　一九七六「琉球社会組織に関する若干の問題」『文化人類学』角川書店
森幹朗　一九七八『老人問題とは何か』ミネルヴァ書房
森田真也　二〇〇八「ウコー」『沖縄民俗辞典』渡邊欣雄・岡野宣勝・佐藤壮広・塩月亮子・宮下克也編、吉川弘文館、四六―四七頁
森山幹夫　一九九一「地域福祉の基盤の整備――ノーマライゼイションの理念の下に――老人福祉法等の一部を改正する法律」『時の法令』一三九五：六―四〇頁
山城千秋　二〇〇二「郷友会の文化活動と教育的機能に関する一考察」『大学院教育学研究紀要』五：一七七―一八九頁
吉川博也　一九八九『那覇の空間構造』沖縄タイムス社
リーブラ、W・P　一九七四（一九六六）『沖縄の宗教と社会構造』崎原貢・崎原正子訳、弘文堂
琉球新報社編　一九八〇『郷友会』琉球新報社
琉球政府厚生局　一九六七「沖縄と本土の制度、事業規模、内容等の相違および格差に関する書類」
琉球政府文教局編　一九六八『沖縄旧慣地方制度』
ロソー、I　一九八三（一九七四）『高齢者の社会学』嵯峨座晴夫ほか訳、早稲田大学出版部
湧上元雄　二〇〇〇『沖縄民俗文化論――祭祀・信仰・御嶽』榕樹書林
鷲田清一　二〇〇三『老いの空白』弘文堂
渡邊欣雄　一九八五『沖縄の社会組織と世界観』新泉社
渡邊欣雄　二〇〇三「長寿県沖縄の誕生――拡大する沖縄の長寿イメージ」『アジア遊学』五三：八二―九一頁、勉誠出版

Atchley, R. C. 2000 *Social Forces and Aging*, 9th edition. Belmont, CA: Wadsworth
Baumeister, R. F. 1986 *Identity: Cultural Change and the Struggle for Self*. Oxford, NY: Oxford University Press
Burgess, Ernest 1969 *Aging in Western Societies*. University of Chicago Pr

Butler, R. 1969 “Age-ism: Another form of bigotry”. *The Gerontologist* 9: 243-246

Chudacoff, Howard P. 1992 *How Old Are You?: Age Consciousness in American Culture*. Princeton Univ Press

Clark, M. and Anderson, B. G 1967 *Culture and aging:an anthropological study of older Americans*. C. C. Thomas

Clifford, J. and Marcus, George E. 1986 *Writing Culture: The Poetics and Politics of Ethnography*. University of California Press

Cowgill, Donald O. and Holmes, Lowell D. 1972 “Aging and Modernization”. *Contemporary Sociology* 2（5）: 530-532

Hall, Stuart 1992 “Questions of Cultural Identity”. *Modernity and Its Futures*. David Held Hall and Anthony McGrew（eds.）, pp. 274–316. Cambridge: Polity Press

Kahn, R. L. 1983 “Social supports of elderly: Family /friends, professionals”. *Final report to the National Institute on Aging*

O’Reilly, E. M. 1997 *Decoding the Cultural Stereotypes about Aging*. Routledge

Parsons, Talcott 1960 *Structure and Process in Modern Societies*. Chicago, Free Press

Riley, M. W. and Abeles, R. P 1987 “Longevity, social structure and cognitive aging”. *Cognitive functioning and social structure over the Life couse*. C. Schooler and K. Schaie（eds.）, pp. 161-175. Ablex

Simmons, L. W. 1970 *The Role of the Aged in Primitive Society*. Archon Books

Shanas, E. 1961 “Family relationships of older people”. *Health Infomation Foundation Research Series*, No. 20. New York: Health Infomation Foundation

[ウェブサイト]

沖縄県企画部統計課（二〇一二年三月一日取得） http://www3.pref.okinawa.lg.jp/site/view/contview.jsp?cateid=81&id=18463&page=1

那覇市（二〇一三年一二月三一日取得） http://www.city.naha.okinawa.jp/kakuka/gyouseikeiei/siteikanri/index.html

那覇市健康福祉部（二〇〇八年四月二五日取得） http://www.city.naha.okinawa.jp/kakuka/fseisaku/keikakutou/gaiyou.html

那覇市社会福祉協議会（二〇一三年一二月三一日取得） http://www.nahasyakyo.org/tools/fureai.html

あとがき

本書の執筆中、高齢者の定義を「七五歳以上」に見直すべきとの意見が日本老年学会から提出された。老人福祉法の制定から五〇年余りがたち、医療技術の進歩と公衆衛生の発達によって、平均寿命は飛躍的に伸び、それに合わせた社会保障が求められるようになった。家族のあり方、個人のあり方もずいぶん変わった。

しかしこの間、老いは常に問題として論じられている。老いに関する言説は老いと若さを対極に置き、また老年者を「養われるもの」「ケアされるもの」という立場に置いてきたし、それは衰え、喪失、孤独を加齢と結び付けている。たしかに、「老いる」ということを「できなくなること」と見出す視点は多い。老いは確かに、私たちが生活を送るうえで様々な戸惑いを引き起している。しかし老いること自体は、人の営みにはことさら特別なことではないのだ。

本書は南山大学大学院人間文化研究科人類学専攻に提出した博士論文をもとに、加筆修正を施したものである。記述のもととなる現地調査は、ユニベール財団、日本科学協会、澁澤民族学振興基金の財政的支援を受けた。また本書の出版は平成二八年度科学研究費補助金（研究成果公開促進費）の交付と、西村篤さんをはじめとする森話社の皆さまのお力添えによって実現した。

研究にあたっては、指導教官の坂井信三先生をはじめとする研究科の先生方、先輩や後輩を中心として、数々の方からのご助言とご指導をいただいた。

通算一七か月にわたる沖縄県那覇市辻・若狭地域でのフィールドワークは、家族同様に受け入れてくださった短期賃貸アパートの経営者および従業員の皆さま、短期賃貸アパートを介したからこそ出会うことができた日本全国から沖縄を訪れた滞在者の皆さま、いつも温かい励ましともてなしをくださった辻老人憩の家の利用者と職員の方々、そしてすべてのお名前をここであげることはできないが、当時大学院生だった若造の私を受け入れてくださったインフォーマントの皆さまのご厚意とご協力によって支えられるものだった。あらためて、この研究活動を支えてくださったすべての方々にお礼を申し上げたい。

最後に、「高齢者」に足をかけつつも変わらず私を支えてくれている両親には、心より感謝したい。

索引

［著者略歴］
菅沼文乃（すがぬま・あやの）
1981年、愛知県生まれ。南山大学人間文化学科卒業、南山大学大学院人間文化研究科人類学専攻博士課程修了。博士（人類学）。現在、南山大学人類学研究所非常勤研究員。

主な論文
「『長寿沖縄』社会での年老い方を考える」（『アリーナ』14号、中部大学、2012年）
「カテゴリー化される老年者」（『東アジアにおける高齢者のセイフティネットワーク構築に向けての社会人類学的研究（その2）』平成19-21年度科学研究費補助金（基盤研究（B）（1））研究成果報告書、2011年）
「『高齢者福祉』『地域共同体』『高齢者』の間にある福祉意識の“ずれ”——『長寿の島』沖縄高齢者の生活調査から」（『調査研究報告書 豊かな高齢社会の探求』18号、ユニベール財団、CD-ROM、2010年）

〈老い〉の営みの人類学——沖縄都市部の老年者たち

発行日……………………2017年2月28日・初版第1刷発行

著者……………………菅沼文乃
発行者……………………大石良則
発行所……………………株式会社森話社
〒101-0064 東京都千代田区猿楽町1-2-3
Tel 03-3292-2636
Fax 03-3292-2638
振替 00130-2-149068
印刷……………………株式会社厚徳社
製本……………………榎本製本株式会社

ISBN 978-4-86405-110-1 C1036